www.ingramcontent.com/pod-product-compliance
Lightning Source LLC
LaVergne TN
LVHW011943070526
838202LV00054B/4783
9788119022021

رسولِ عربیؐ

(سیرت النبیؐ)

مصنف:

پروفیسر جی ایس دارا

© Professor G. S. Dara

Rasool-e-Arabi *(Prophet Seerah)*
by: Professor G. S. Dara
Edition: April '2024
Publisher :
Taemeer Publications LLC (Michigan, USA / Hyderabad, India)

ISBN 978-81-19022-02-1
9 788119 022021

مصنف یاناشر کی پیشگی اجازت کے بغیر اس کتاب کا کوئی بھی حصہ کسی بھی شکل میں بشمول ویب سائٹ پر اَپ لوڈنگ کے لیے استعمال نہ کیا جائے۔ نیز اس کتاب پر کسی بھی قسم کے تنازع کو نمٹانے کا اختیار صرف حیدرآباد (تلنگانہ) کی عدلیہ کو ہو گا۔

© پروفیسر جی ایس دارا

کتاب	:	**رسولِ عربیؐ** (سیرت نبوی)
مصنف	:	**پروفیسر جی ایس دارا**
صنف	:	سیرت النبیؐ
ناشر	:	تعمیر پبلی کیشنز (حیدرآباد، انڈیا)
سالِ اشاعت	:	۲۰۲۴ء
صفحات	:	۱۶۰
سرورق ڈیزائن	:	تعمیر ویب ڈیزائن

فہرست مضامین رسولِ عربی

عنوان	صفحہ
دیباچہ :- از ابو الاثر حفیظ جالندھری	۷
پیش لفظ از سید سلیمان ندویؒ	۹
ریویو :- "ہمدرد" دہلی - از مولانا عبد الماجدؒ	۱۱
عرضِ ناشر: وجیہ اللہ خاں رامپوری	۶
تمہید :- از مصنف	۱۲
تقریب :- از آنریبل شیخ سر عبد القادر صاحب قبلہ ممبر انڈیا آفس لندن	۱۸
بحضور رسول عربیؐ	۲۲
حصۂ اوّل	۲۵
باب ۱: آنحضرتؐ کی اوائل عمری	″
آنحضرتؐ کے والدین	۲۶
صدائے غیب	۲۷
اشارہ آمد	۲۹
بچہ کو طواف کرانا	۳۰
باب ۲: امین و صادق	۳۳
حضرتِ خدیجہؓ	۳۵
خدیجہؐ کی ملازمت	۳۶

عنوان	صفحہ
واقعات قبل از رسالت	۳۸
غلام زید کی رہائی	۳۹
سنگ اسود	۴۰
معرفت اور گیان کی لو	۴۱
عالم میں اندھیر	۴۲
حصۂ دوم	۴۴
باب ۳: نزولِ وحی	″
خدیجہؓ مسلمہ اوّل	۴۵
اعلانِ نبوت	۴۶
باب: اعلان نبوت	۴۸
مشرکوں کی دھمکی	″
بزرگ کی رسالت پر گفتگو	۴۹
آنحضرت کا جواب	″
کفار کی منصوبہ بازی	۵۱
آنحضرت کے قتل کا منصوبہ	۵۲
باب ۵: عہد نامہ عدم تعلق	۵۶
باب ۶: ہجرت حبشہ	۵۸

صفحہ	عنوان	صفحہ	عنوان
۹۰	آغاز اذان	۶۹	مشرکین کا تعاقب
۹۱	حصہ سوم	۹۰	مسلمانوں کا بادشاہ کی خدمت میں حاضر ہونا
۹۱	باب ۹ : مہرور مدینہ	۹۲	جعفر کی معجزہ بیانی
۹۳	سردار مدینہ	۶۴	باب : مشرکین کی چالبازیاں
۹۴	جنگ آمد جنگ آمد	۶۵	نبی اللہ کا طائف جانا
۹۵	باب ۱۰ : جنگ بدر	۶۶	معظم کی پناہ
۹۷	واقعاتِ جنگ	"	باب : عمرؓ و حمزہؓ و طفیلؓ
۱۰۱	باب ۱۱ : جنگ اقرٰ	۶۸	قتل کا دوسرا منصوبہ
۱۰۴	باب ۱۲: جنگ اُحد اور جنگ خندق	۷۰	قتل کے لئے حلف اٹھانا
۱۰۷	سردار حارث کا حملہ کرنا	۸۰	عمرؓ کا آپﷺ کو قتل کرنے کا قصد
۱۰۸	جنگ خندق	۸۱	بھائی بہن کی گفتگو
۱۱۱	باب ۱۳: جنگ خیبر	۸۵	عمرؓ کا مشرف بہ اسلام ہونا
۱۱۵	حصہ چہارم	۷۷	حمزہؓ کا مشرف بہ اسلام ہونا
"	باب ۱۴: عہدنامہ تدیبیہ	۸۱	باب : مصیبت پر مصیبت
"	روانگی مکہ	"	خدیجہؓ کی رحلت
۱۱۶	شرائط عہدنامہ	۸۲	ابوطالب کی وفات
۱۱۸	عمرۃ القضاء	۸۳	دعا بدرگاہِ مولیٰ
۱۱۹	خلاف ورزیٔ شرائطِ عہدنامہ حدیبیہ	۸۵	باب : ہجرت مدینہ
۱۲۲	مکہ پر دھاوا	۸۶	باب ۱۵: آنحضرتﷺ کے قتل کا جدید منصوبہ
"	لشکر کا مکہ روانہ ہونا	۸۸	غار کے منہ پر عنکبوت کا جالا
۱۲۴	ابوسفیان کا مسلمان ہونا	۸۹	مدینہ میں آنحضرتﷺ کی آمد

151	باب ۲: اشارہ روانگی	125		ابوسفیان کا واپس مکہ جانا
,,	نزول آیت نسبت روانگی	129		ابوسفیان کی بیوی
153	الوداعی حج	130		باب ۲: فتح مکہ
154	باب ۳: کمبلی والا	131		پیغمبری رحمت
157	باب ۴: تبلیغِ حق	132		ابوجہل کے بیٹے کو معافی
158	افضل کلام	133		اپنی دخترکے قاتل کو معافی
159	باب ۵: وقتِ رحلت	,,		شاعر زبیر کو معافی
		33		حبشی وحشی کو معافی
160	خاتمہ کتاب	,,		سودا ابوسفیان کی بیوی ہندہ کو معافی
		134		معافی عام
		135		باب ۴: جنگِ ہوازن
		136		چھ ہزار غلاموں کی آزادی
		138		حاتم طائی کی بیٹی
		140		باب ۵ جنگِ موتہ
		146		باب ۶: رسالت و سفارت
		,,		رسالت و سفارت
		147		امیرِ غروب یمن
		148		شاہِ غسان کا مسلمان ہونا
		149		محمدی سفیر

عرضِ ناشر

یہ کتاب "رسولِ عربیؐ" نبیِ اکرم صلی اللہ علیہ وسلم کی حیاتِ مبارکہ پر نہایت سلیقہ سے لکھی گئی ہے یہ ہمارے ایک سکھ بھائی کی تصنیف ہے اس کتاب کی اہمیت کا اندازہ اُن حضرات کے پیش لفظ، دیباچے اور تبصروں سے ہوتا ہے جو سیرتِ نبیؐ پر لکھنے والے اہم ستون مانے جاتے ہیں، مثلاً علامہ سید سلیمان ندویؒ نے سیرت النبیؐ کی آخری جلدیں اور دوسری کتابیں لکھ کر امتِ مسلمہ کے لیے ایک یادگار چھوڑی ہے، جناب حفیظ جالندھری صاحب نے شاہ نامۂ اسلام لکھا ہے۔ مولانا عبدالماجد دریابادیؒ مصنف تفسیر ماجدی اُردو ادب و تاریخ میں کسی تعارف کے محتاج نہیں ہیں، اِن حضرات نے اس کتاب کی تعریف کی ہے جو سند کی حیثیت رکھتی ہے۔

مجھے اس کتاب کو چھاپنے کا اس لیے شوق پیدا ہوا کہ اس کی طرزِ تحریر عقیدت و احترام کے ساتھ ساتھ بڑی دل نشین ہے۔ اور سب سے بڑا جو مقصد ہے وہ یہ ہے کہ یہ ہندوستان میں قومی یک جہتی کا سامان فراہم کر سکتی ہے جس کی اب بھی ہندوستان کو ضرورت ہے۔

مجھے افسوس ہے کہ اس ایڈیشن میں فارسی اشعار کا ترجمہ نہ کیا جا سکا۔ انشاء اللہ اگر اس کی دوبارہ اشاعت ہوئی تو یہ ضرور کر دوں گا۔

۱۰ر مارچ ۱۹۷۹ء وجیہہ اللہ خاں قادری رامپوری

از: حفیظ جالندھری

دیباچہ

پروفیسر دارا صاحب سے میری ملاقات چند دن ہوئے ہوئی۔ آپ نے مجھ سے اس کتاب کا ذکر کیا اور اس کو دوبارہ شائع کرنے کی آرزو ظاہر کی۔ بتایا کہ پہلی طباعت ختم ہو چکی ہے اور اس کا اب صرف ایک ہی نسخہ ان کے پاس ہے جس میں آپ نے اصلاح و اضافہ کیا ہے اور متمنی ہیں کہ کوئی صاحبِ نظر اس کتاب کو ناقدانہ نظر سے دیکھ لے۔

جیسا کہ انھوں نے اپنے دیباچہ میں ذکر کیا ہے۔ میں نے ان کو شیخ عبدالقادر صاحب قبلہ سے استمداد کا مشورہ دیا۔ لیکن اشاعت کی ذمہ داری خود لے لی اور وعدہ کیا کہ ہندوستان پہنچ کر ناشرین کتب میں سے کسی کو اس کتاب کی دوبارہ اشاعت کے لئے کہوں گا اور کسی نہ کسی طرح اس کی اشاعت کا انتظام کرا دوں گا۔ یہاں آ کر میں نے بہت سے گرامی قدر "دکانداروں" سے بات چیت کی لیکن وہ صرف اس صورت میں کتاب کی اشاعت پر آمادہ ہوئے۔ کہ حق تصنیف بھی ہمیشہ کے لیے ان کا ہو جائے لیکن یہ بات نہ دارا صاحب کے لئے موزوں تھی نہ میں نے اسکو پسند کیا۔

اس دوران میں جنگ کی آفت آ گئی۔ اور کاغذ گراں ہوتے ہوتے کمیاب ہو گیا۔ لیکن مجھے نہ صرف وعدے کا پاس تھا بلکہ ایک سکھ محبِ رسول صلی اللہ علیہ وسلم کی تصنیف کو شائع کر کے حصولِ ثواب کا شوق۔ نیز مسلمانوں کو بالخصوص اور دوسرے برادرانِ وطن کو بالعموم اس مخلصانہ و شریفانہ

جذبہ سے آگاہ کرنا چاہتا تھا۔ جو اس تصنیف کا محرک ہوا۔ شاید یہ باہمی رواداری کو تقویت دے۔

خدا کا شکر ہے کہ آج یہ کتاب شائع ہو رہی ہے۔ میں مجلس ادارے کے کارکنوں کا شکر گزار ہوں کہ ان کے تعاون نے میرے لئے "ایفائے وعدہ" کا سامان کر دیا۔

مجھے امید ہے کہ اس کتاب کو ہاتھوں ہاتھ لیا جائے گا۔ ذوق شوق سے پڑھا جائے گا اور اس سکھ بزرگوار کو اپنی دعاؤں میں یاد رکھا جائے گا جس نے ہمارے آقا و مولا سے اس طرح اظہار محبت کیا ہے۔ جیسا کہ ایک مسلمان کو کرنا چاہیے۔

خاکسار

حفیظ جالندھری

۲۸ نومبر ۱۹۴۱ء

پیش لفظ

از

علامہ سید سلیمان ندوی رحمۃ اللہ علیہ
مصنف سیرۃ النبیؐ ۔ رحمت عالم وغیرہ

اس کتاب کے مصنف جناب جی، ایس، دارا، بی، ایل، بیرسٹر ایٹ لا (لاہور) سے لندن میں ملنے جلنے کا اکثر اتفاق ہوا۔ آپکی بے تعصبی اور توحید پرستی دیکھ کر دل بہت خوش ہوا۔ کہ اگر ہندوستان کے مختلف فرقوں میں ایسی انسانیت و محبت کے چند افراد پیدا ہو جائیں تو ابنائے ہند کی باہمی الفت کی دیوار اس قدر مستحکم ہو جائے۔ کہ باہر کے دشمن اس کو کبھی توڑ نہ سکیں۔

دارا صاحب نے پیغمبر اسلام کی سوانح عمری بڑی بے نفسی اور بے تعصبی کے رنگ میں لکھی ہے۔ کتاب کے حرف حرف سے عشق و محبت کے آب کوثر کی بوندیں ٹپکتی ہیں اور معلوم ہوتا ہے کہ لکھنے والے کا قلم کس جوش و خروش کے دریا میں بہتا جا رہا ہے۔ میں نے اس کتاب کو شروع سے اخیر تک پڑھا اور ایک روان کتاب کی حیثیت سے اس کو پسند کیا۔ ممکن تھا کہ یہ کتاب تاریخ کی حیثیت سے اس سے زیادہ بلند پایہ لکھی جا سکتی، لیکن یہ ناممکن تھا کہ کوئی نامسلم اس سے زیادہ خلوص و عقیدت کی نذر دربار رسالت میں

پیش کر سکتا۔ اور یہی اس کتاب کی بہترین خصوصیت ہے۔ اگر الفاظ اور
طریقۂ تعبیر میں کہیں کہیں غلطی ہو تو مفہوم و معنی پر نظر اور مصنف کے حسن نیت
پر گمان نیک رکھنا چاہیے۔ دعا ہے کہ اللہ تعالیٰ اس رحمۃ للعالمین کے صدقے
ہندوستان کے مختلف مذہبی فرقوں میں اتحاد و یکجہتی کی لہر پیدا کر دے
اور ہر ایک کو دوسرے کے رہنماؤں اور راہبروں کی عزت و توقیر کی
توفیق عطا فرمائے۔

سید سلیمان ندوی
مسلم ڈیلیگیشن، لندن
البرٹ ہال نشمن، لندن

تبصرہ

از: مولانا عبدالماجد صاحب دریا بادی رحمۃ اللہ علیہ)
مصنف: تفسیر ماجدی۔ ایڈیٹر ہمدرد دہلی اور
ایڈیٹر صدق جدید لکھنو

خاکِ ہند سے جو مذہبی مصلحین و پیشوا پیدا ہوتے رہے ہیں ان میں ایک ممتاز نام گرو نانک کا ہے جن کی تعلیم صلح و آشتی کی تعلیم اور جن کی تبلیغ عشق و محبت کی تبلیغ تھی.... مسٹر جی۔ ایس۔ دارا اسی درد آشنا و محبت شعار قوم سکھ کے ایک قابل تحریر رکن ہیں۔ ان کا نام اب تک لندن کے ایک انگریزی رسالہ ہند (انڈیا) کے ایڈیٹر کی حیثیت سے معروف تھا لیکن اب معلوم ہوا کہ ان کا کعبہ تو یہ لندن نہیں کعبہ حجاز ہے. ان کی آنکھیں برقی جگمگاہٹ سے نہیں روح کی نورانیت سے منور ہو رہی ہیں۔ رسول عربیؐ اس مختصر و جامع رسالہ کا نام ہے. جو دارا صاحب کے تخم محبت کا ثمر اولین ہے اس میں سرورِ عالم صلعم کے حالات حیات مبارک شروع سے آخر تک اس انداز سے جمع کر دیئے گئے ہیں کہ اکثر مقامات پر ایک مسلمان کو بھی اس خلوصِ نیاز پر رشک آنے لگتا ہے.

مجھے امید ہے کہ یہ کتاب ہندوستان میں تمام مذہبی فرقوں کے لئے سنگ دل ثابت ہوں گے اور قومی یک جہتی کا ساماں فراہم کرے گی.

۱۹۳۰ء (عبدالماجد (ایڈیٹر ہمدرد دہلی)

تمہید

از: مصنف

میرے والد بزرگوار نے ۱۸۵۷ء میں سرکار انگریزی کی ملازمت اختیار کی ۱۸۹۴ء میں عہدہ تحصیلداری سے پنشن پر آئے اس ۳۷ سال کے تجربہ کا ذکر اذکار جب کبھی ان کی زبان سے میں نے سنا۔ اس سے معلوم ہوتا تھا کہ رشوت و تعصب کا زور ہر جگہ ہی موجود تھا۔

میں خود ۱۸ سال کی عمر میں نائب تحصیلدار کی حیثیت سے ملازم ہوا۔ دس سال کئی ایک آسامیوں پر تعینات رہ کر آخر ملازمت سے سبکدوشی اختیار کی ترک ملازمت کی اصل وجہ بھی رشوت اور تعصب کے بھوت تھے جن سے بہت دیر تک میں جدوجہد کرتا رہا۔ آخر ہار کر میدان چھوڑا اور بھاگ نکلا۔

جنگ یورپ کے ایام میں رخصت (قبل از استعفا) لیکر ۱۹۱۴ء میں انگلینڈ آیا یہاں سے آئرلینڈ گیا۔ اور وہاں سے بیرسٹری کرکے واپس وطن چلا گیا ۱۹۲۰ء میں پھر لندن کا رخ کیا یہاں پہنچ کر رسالہ "ہند" (انڈیا) شروع کیا۔ جس کی اڈیٹری میں مجھے اب انیسواں سال ہونے آیا ہے۔

خیال تھا کہ قومی کام کی منزل اگرچہ کٹھن تو بڑی ہوگی لیکن کم از کم اتنا تو ہوگا کہ یہ راستہ تعصب کے کانٹوں سے صاف ہوگا مگر یہ بھی ایک خیالِ خام ثابت ہوا۔ اکثر راہ نمایانِ قوم کے اندرونی رویے اور بیرونی گفتگو میں میں نے بڑا بھاری تفاوت پایا۔ ہندو مسلم تنازعات تو میں نے بکثرت دیکھے سنے تھے۔ مگر

اندرونی ریشہ دوانیاں جو جانبین کے راہ نمایاں ایک دوسرے کے خلاف کیا کرتے تھے ان کا علم مجھے لاہور سے بھی کہیں بڑھ کر یہاں لنڈن میں ہوا۔ یہاں تک کہ بعض ذمہ دار ہندو راہ نماؤں کو میں نے اپنے کانوں یہ کہتے سنا کہ "سکھ ایک احمق فرقہ ہے"۔ تمسخر اور توہین کے کلمات سکھوں کے گوروؤں کے خلاف بھی میری تنقید میں آئے۔ جہاں جہاں میں نے مناسب سمجھا ان کی گفتگو کا جواب کھرا کھرا ان کو منہ پر دیا۔ اور اس کا خمیازہ اٹھایا۔

پیغمبر اسلام کی شان کے خلاف اس نوع کی کہانیاں۔ اور من گھڑت قصے میں نے سنے۔ کہ جس کے سننے سے انسان کے رونگٹے کھڑے ہو جائیں۔ اغلب ہے۔ کہ دوسری جانب سے بھی ہندو رشیوں۔ منیوں اور بھگتوں کے خلاف بھی اسی طرح کے ڈھکوسلے مروج ہوں۔ مگر مجھے ایسی گفتگو کے سننے کا موقع نہ مل سکتا تھا۔

اس طرح کے واقعات کوئی پانچ دس دفعہ نہیں۔ بلکہ سینکڑوں مرتبہ مجھے اپنی اوائل عمر سے اس واقعہ تک (اب میری عمر ساٹھ سال ہے) سننے میں آئے ہوں گے۔ سیاسی پہلو کو بالائے طاق رکھ کر۔ بلکہ مذہب پر علمی اور عقلی بحث کو چھوڑ کر۔ یہاں تک کہ مخالف فریق کے اپنے نقائص اور عیوب کو بھی نظر انداز کر کے اس کے مذہب کے بانی پر ذاتی حملہ کرنے کو آنر آنا۔ یہ ایک ایسا شیوہ ہے کہ جسکی نظیر شاید ہی کسی اور گری ہوئی قوم میں ملے تو ملے۔

فساد اور عناد کی آگ جس کے شعلے آج لاہور سے لکھنؤ۔ لکھنؤ سے کلکتہ۔ اور کلکتہ سے کراچی اور بمبئی تک پھیل چکے ہیں وہ ان ہی حملوں سے سلگتی ہے جو گوروؤں

پیروں اور پیغمبروں کی ذات پر کیئے جاتے ہیں۔ اور جن کی ابتدا بالعموم بعض بعض قومی" راہ نمایان کے اشارہ یا عندیہ سے ہوا کرتی ہے۔

دل کے پھپھولے جل اٹھے سینے کے داغ سے
اس گھر کو آگ لگ گئی گھر کے چراغ سے

میرے دل میں خیال پیدا ہوا کہ میں پیغمبر اسلام کی زندگی کے حالات پڑھوں اور جو جو باتیں میں نے سنی ہیں۔ اُن کی تصدیق یا تردید کی جستجو کروں۔ پہلی دفعہ جب میں نے اس مضمون پر ایک کتاب دیکھی تو اس کے پڑھنے سے مجھے از حد دلچسپی پیدا ہوئی۔ جوں جوں میرا مطالعہ بڑھتا گیا اتنی ہی آنحضرت کی عظمت میرے دل میں بڑھتی گئی۔ یہاں تک کہ میرے دل میں ایک آرزو پیدا ہوگئی۔ کہ میں ان سب خیالات کو ایک جگہ اکٹھا کروں۔ طرح طرح کی کتابوں کے مطالعہ نے جو میں نے اس مضمون پر پڑھی تھیں۔ میرے عالم خیال میں ایک پھلواری سی پیدا کر دی۔ پنجابی۔ ہندی اردو۔ فارسی عربی کے پھول جہاں جہاں سے مجھے دستیاب ہوئے میں نے اپنے گلدستہ کے لیے چن لیئے۔ اور نام اس کا "رسول عربیؐ" رکھ کر قوم کی خدمت میں نذر کیا۔

بیس سال ہوئے۔ جب میں لاہور سے لنڈن آ رہا تھا۔ تو مسودہ اوّل اس کتاب کا میرے پاس تیار موجود تھا۔ جیسے جیسے مجھے یہاں وقت ملتا رہا میں اسمیں کچھ نہ کچھ ترمیم تغیر کرتا رہا۔ حسن اتفاق سے جب جناب سید سلیمان ندوی خلافت ڈیلیگیشن کے ہمراہ انگلینڈ تشریف لائے۔ تو انھوں نے اس کو ملاحظہ فرمایا۔ اور اس کا دیباچہ لکھ کر مجھے شرفِ عزت بخشا۔ کچھ عرصہ کے بعد میں نے وہ مسودہ ہندوستان روانہ کیا اور اس کی پہلی اشاعت نکلی۔ اب نظر ثانی کر کے اس کی

جدید اشاعت کی تجویز درپیش ہے جن احباب نے گذشتہ دس گیارہ سالوں میں اس کتاب کو پڑھا۔ ان میں سے چند ایک نے مجھے اپنی رائے سے مطلع بھی کیا۔ ان میں اکثر تو وہ تھے جنھوں نے مجھ پر کرم فرمائی کی۔ اور میری محنت کی تعریف فرمائی اس کے لئے مجھے دل سے یہاں ان کی شکر گذاری کا اظہار کرنا ہے۔

دوسری طرف وہ اصحاب تھے جن کو میری تحریر سے اتفاق نہ تھا۔ یا جو کسی اور وجہ سے اختلاف رکھتے تھے لہٰذا اُن کا ذکر کرنا بھی یہاں بے محل نہ ہوگا۔

چند ایک غیر مسلم دوستوں نے (جن میں سے بعض تو ایسے ہیں جو انگلینڈ سے تعلیم حاصل کرکے وطن چلے گئے ہیں) مجھے لکھا۔

"آپ کا دین مذہب وہی ہوا کرتا ہے جو آپ کے حبیبوں کا ہو اکثر مسلم نوجوانوں نے آپ کے دل پر عمر بھر قابو ڈالے رکھا۔۔۔ لازم تھا کہ ان کی محبت آپ کی طبیعت کو ایک نئے سانچے میں ڈھال دیتی۔ اور ایک اور ہی نمونہ دکھا دیتی۔ ہم تو وہی نمونہ اس کتاب میں پڑھتے ہیں حقیقت تو یہ ہے۔ جناب دارا کہ:۔۔۔

بات کہنے کی نہیں تو بھی تو ہرجائی ہے"

دوسری نوع کے اعتراض جو مجھے بتائے گئے ہیں۔ وہ بھی غیر مسلم اصحاب ہی سے ہیں۔ کتاب کی تحریر یا مضمون سے ان کو کچھ نسبت نہیں۔ وہ رائے زنی میری نیت پر ہے۔

مفہوم یہ ہے کہ اس طرح کی کتابیں۔۔ مصنّف لکھا کرتے ہیں جن کو ضرورت زر وزن کی ہو۔ مطالب دنیاوی کو سامنے رکھ کر وہ قلم اٹھاتے ہیں۔

قلم اُن کا چلنا ہی اس رخ کو ہے۔ جدھر سے ان کو کچھ نفع کی امید ہو۔

یہ ذکر کر دینا مناسب ہوگا۔ کہ یہاں نہ زر ہے نہ زن۔ نہ گھر ہے نہ گھاٹ نفع منافع تو درکنار رہا۔ گھر کی بھٹیارن سے کمرہ کے کرایہ کا اگر ہر ہفتہ تقاضہ نہ ہو تو دوسرے تیسرے ہفتہ تو ضرور ہی ہو جایا کرتا ہے۔ بنیے سے آٹا دال گھی کے ادھار کے لئے آئے دن ایک ہنگامہ برپا رہتا ہے۔ خیر سے

تنگدستی اگر نہ ہو غالب تندرستی ہزار نعمت ہے

باوجود اس بے سروسامانی کے یار لوگوں کا تعصب برابر موجود ہے لیکن وہ موجود ہے تو میرا خیال بھی ویسے ہی موجود ہے باوصف ان حملوں کے جو میری نیت پر کیے گئے ہیں میں اپنے خیال میں کچھ تبدیلی نہیں دیکھتا۔ خیال وہی ہے جس کا اظہار میں نے بیس سال ہوئے۔ مسودہ میں کیا تھا۔ اب بھی وہی ہے اور اسی پر قائم ہوں۔

گذشتہ سال حفیظ صاحب جالندھری حسنِ اتفاق سے انگلینڈ میں رونق افروز تھے۔ ان کی خوش کلامی اور خوش الحانی نے لنڈن کے جنگل میں لاہور کا منگل بنا دکھایا۔ میں نے اس موقع کو غنیمت جانا اور ان سے ذکر کیا۔ کہ میں "رسول عربی پر" نظر ثانی کرنا چاہتا ہوں۔ اور جو دقتیں حائل تھیں ان کا اظہار بھی کیا۔ وہ کہنے لگے۔ گنگا تمہارے گھر میں بہے اور اس پر بھی یہ تفکرات؟ جناب شیخ سر عبدالقادر کا دروازہ اور ادھر کی بہتی ہوئی گنگا مجھے دکھادی۔ اور خود واپس وطن چلتے ہوئے۔

جناب شیخ کی خدمت میں میں نے اپنی آرزو ظاہر کی۔ اور ساتھ ہی

"یارانِ ایں زمانہ مثلِ گل انار اند" والا قصہ اور آپ بیتی" کہانی بھی کہہ سنائی آپ نے سرپرستی کا وعدہ فرمایا۔ حقیقت تو یہ ہے کہ ان کی جانب سے اگر متواتر حوصلہ افزائی نہ ہوتی رہتی تو یہ کام اب بھی ادھورا ہی رہ چلا تھا۔ تکمیل کار کی خوشی تو ہر کارکن کو ہوا کرتی ہے۔ مگر میری خوش نصیبی اس سے کہیں زیادہ ہے۔ اس کام کے سبب آپ سے ملاقات کے موقع بکثرت ملے اور طبیعت کو دلی وابستگی آپ سے پیدا ہو گئی ہے

آں دل کہ رم نمودے از خوبرو جواناں
دیرینہ سال پیرے بردش بیک نگاہے

خادم قوم

جی۔ ایس۔ دارا ۷ / مارچ ۱۹۳۹ء

تقریب

از: آنریبل شیخ سر عبدالقادر صاحب (ممبر انڈیا آفس لندن)

دس گیارہ برس ہوئے۔ ایک کتاب بنام "رسول عربیؐ" انگلستان میں لکھی گئی اور ہندوستان میں چھپی تھی۔ اب دوبارہ چھپ رہی ہے۔ اس کے مصنف مسٹر جی ایس۔ دارا صاحب بیرسٹرایٹ لا ایڈوکیٹ ہائی کورٹ پنجاب کے ایک معزز اور علم دوست سکھ گھرانے سے ہیں۔ ان کو جو سچی ارادت اپنے بزرگ گرو بابا نانک جی سے ہے۔ غالباً وہی اس کتاب کے لکھنے کی محرک ہوئی ہوگی گرو نانک جی شمع توحید کے پروانے تھے۔ اور پیغمبرؐ کے پیغام کی دل سے قدر کرنے والے تھے۔

مسٹر دارا کوئی بیس سال سے انگلستان میں مقیم ہیں اور انگریزی میں اخبار نویسی کرتے ہیں۔ ان کا ایک رسالہ "انڈیا" نامی نکلتا ہے۔ جسے انھوں نے بڑی محنت اور بہت ایثار کے ساتھ جاری رکھا ہے۔ انہیں ہندوستان کی آزادی کی تحریک سے زیادہ تعلق رہا ہے۔ وہ کانگرس کے بہت سے اصولوں کے موافق ہیں مگر بہت سی باتوں میں خاص کر طریق کار میں وہ کبھی کبھی اس سے اختلاف بھی رکھتے ہیں۔ وہ سکھ مذہب کے ماننے والے ہیں اور ہندوؤں کے بھی ہمدرد ہیں۔ اور مسلمانوں کے بھی دوست ہیں۔ وہ چاہتے ہیں کہ ان قوموں کے باہمی تعلقات دوستانہ رہیں اس آزاد روش کے سبب ان کو بہت سی مشکلات پیش آئیں۔ جن کو انھوں نے

مردانہ مقابلہ کیا۔

دارا صاحب جب پنجاب میں اپنی تعلیم سے فارغ ہوئے۔ تو انھوں نے گورنمنٹ کے محکمۂ مال میں ملازمت اختیار کی۔ ان کے والد تحصیلدار تھے۔ اور ان کی اپنی ملازمت نائب تحصیلداری سے شروع ہوئی۔ مگر ان کی طبع آزاد پسند ملازمت کا بار دیر تک برداشت نہ کر سکی۔ اگر یہ معمولی طور پر اپنے محکمہ میں رہتے تو اب تک کسی بڑے عہدہ تک پہنچ کر اور اچھی پنشن پا کر خانہ نشین ہوتے کیونکہ اب ان کی عمر ساٹھ (۶۰) سال کے قریب ہے لیکن مسٹر دارا نے نوکری چھوڑ دی اور بیرسٹری کا قصد کیا۔ ۱۹۱۴ء میں انگلستان آئے اور یہاں سے آئرلینڈ میں گئے۔ تاکہ ڈبلن سے بیرسٹری پاس کریں ۱۹۱۵ء میں کامیاب ہو کر وطن کو واپس گئے۔ اور لاہور ہائی کورٹ کے ایڈوکیٹ ہو گئے۔ تجربہ نے بتایا کہ وکالت کے لئے بھی جسے وہ آزاد پیشہ سمجھتے تھے اور لوگ بھی جسے مقابلتہً آزاد سمجھتے تھے کئی ایسی پابندیاں ہیں۔ جیسی ملازمت میں ہیں۔ اس وقت جوانی میں سیاسی خدمت کے شوق کا بھی غلبہ تھا۔ انھوں نے وکالت کا خیال ترک کر کے انگلستان میں آ کر اپنا انگریزی رسالہ جاری کیا۔ مالی اعتبار سے اس میں ہمیشہ نقصان رہا مگر یہ اس کو چلاتے رہے۔

دارا صاحب نہایت درویشانہ اور سادہ زندگی بسر کرتے ہیں۔ اپنے ہاتھ سے کبھی کبھی کچھ ہندوستانی کھانا پکا لیتے ہیں کبھی کبھی کسی ارزاں ہوٹل میں کھانا کھا لیتے ہیں۔ ایک کمرہ رہنے کو ہے۔ اسی میں لکھنا اسی میں سونا۔ اسی میں کوئی ملنے آئے تو اُسے مل لینا۔ اخبارات

پڑھتے ہیں اور ان میں جو مضمون اپنے کام کا ہو۔ اس کا تراشہ کاٹ کر رکھ لیتے ہیں انگریزی میں ہندوستان کی موجودہ سیاسیات پر ایک کتاب لکھ رہے ہیں۔ مگر وہ دیر سے ان کی مشکل پسند طبیعت کی کٹھالی میں صاف کی جارہی ہے۔ اگر اس کٹھالی سے شکل آئی تو امید ہے کام کی چیز ہو گی۔

یہ وہ شخص ہے جسے خیال آیا کہ حضرت محمدؐ کے حالات لکھے اور اس محبت کا اظہار کرے جو اُسے آنحضرتؐ کی ذات بابرکات سے ہے۔ اس نے اپنی عقیدت کے پھول بارگاہ رسالت پر چڑھائے ہیں۔ اور غالباً قبول ہوئے ہوں گے یہ نذرانہ دوبارہ پیش کرنے کا موقعہ انہیں مل رہا ہے۔

جب یہ کتاب پہلے شائع ہوئی۔ تو مولینا سلیمان ندوی نے اسے پسند کیا تھا۔ اور اس کے لیے ایک مختصر سا دیباچہ لکھا تھا۔ جو اب طبع ثانی کے ساتھ بھی شامل کیا گیا ہے۔ اس اشاعت میں دارا صاحب نے خود بھی ایک تمہیدی مضمون لکھا ہے جس میں بتایا ہے۔ کہ انہیں کس طرح آنحضرتؐ کے حالات پڑھنے کا شوق ہوا۔ اور اس مطالعہ کا ان پر کیا اثر ہوا۔ ان کے بعض مسلمان دوستوں نے یہ خواہش ظاہر کی کہ اس کتاب کو پھر چھپائیں میں نے بھی اس تجویز کی تائید کی۔

اس زمانہ میں جب بعض کوتاہ اندیش لوگ ایک دوسرے کے مذہبی پیشواؤں کی تعظیم کرنے کے بجائے اُن پر ناجائز اور نامناسب حملے کرتے ہیں۔ اس بات کی ضرورت ہے کہ ہر قوم کے دُور اندیش اور وسیع خیال صاحبان دوسری قوم کے واجب تعظیم بزرگ کی خوبیوں کا اعتراف کریں اور اپنے بھائیوں کو اسے

آگاہ کریں۔ خود مسلمان کے لئے ایسی کتاب کی اشاعت اس لئے خاص دلچسپی رکھتی ہے کہ ان کی محبت اپنے پیغمبر سے اور مضبوط ہوتی ہے۔ جب وہ یہ دیکھتے ہیں کہ دوسرے بھی اُن کے احسانات کو مانتے ہیں۔ فطرتِ انسانی کے اس جذبہ کو غالب نے کس خوبی سے بیان کیا ہے ؎

سب رقیبوں سے ہوں ناخوش پر زنانِ مصر سے
ہے زلیخا خوش۔ کہ محوِ ماہِ کنعاں ہوگئیں

میں بھی اپنے دوست دارا صاحب سے خوش ہوں۔ کہ وہ "ماہِ عرب" کی تعریف میں ہم نوا ہیں اور میں امید کرتا ہوں۔ کہ میرے بہت سے مسلمان بھائی بھی ان کی انصاف پسندی اور عقیدت مندی کی داد دینگے۔

عبدالقادر

(از لندن)

۲۶ مارچ ۱۹۳۹ء

جی۔ ایس دارا

بحضورِ رسولِ عربیؐ

ایک صاحبِ کمال آیا۔ جس نے جلوۂ حق دکھایا۔ جس کسی نے اسے پریم کی آنکھوں سے دیکھا۔ اس کی تمنائے زندگی پوری ہوگئی۔ جس کی نگاہِ شوق اس پر پڑی اسے منہ مانگی مراد مل گئی۔ جس بشر کو اس من موہن نے اپنا درشن دیا۔ اس کے جنم بھر کا پاپ کٹ گیا۔

آناں کہ خاک را بہ نظر کیمیا کنند آیا بود کہ گوشۂ چشمے بما کنند

اے عرب۔ کیا ہی عجب ہوں گے تیرے بھاگ جو تو نے نورِ خدا اپنی آنکھوں سے دیکھا۔ کیا ہی اچھے ہوں گے تیرے بخت جو تو نے حبیبِ خدا کے اپنی آنکھوں درشن کئے۔

اے ولایتِ عرب! اے بن اور بیابان کے باس۔ اے درندوں پرندوں کی بھوم۔ اے چوروں ڈاکوؤں کے ماوٹی اے رہزنوں اور لٹیروں کے مسکن۔ اے اُجڈ گنواروں کے ٹھکانے اے ازلی بادہ نوشوں کے خم خانہ۔ اے وحشی عرب۔ تجھ میں بھرے تھے۔ دنیا کے بدکار اور جگت کے مکار۔ نام نہاد کے انسان۔ مگر کرتوت کے شیطان۔ سچ ہے۔

چلن ان کے جتنے تھے سب وحشیانہ ہر اک لوٹ اور مار میں تھا یگانہ
فسادوں میں کٹتا تھا ان کا زمانہ نہ تھا کوئی قانون کا تازیانہ

وہ تھے قتل و غارت میں چالاک ایسے
درندے ہوں جنگل میں بیباک جیسے

اے سرزمین عرب، آج وہ دن ہے، کہ تیرا نام وردِ زبانِ جہاں ہے اور خلقِ خدا تیرا ذکرِ خیر کرتی ہے، کون آنکھ ہے۔ جو تیرے درشن کو نہیں ترستی، وہ کون دل ہے، جو تیری دید کی تمنا نہیں رکھتا۔ وہ کون ملک ہے جس نے تیرے شاہ کا سکہ نہیں مانا اور وہ کون فرمانروا ہے جس نے تیری حشمت اور دبدبہ کو نہیں جانا اے خطۂ عرب تو نے اب پُرانا جامہ اُتارا، تو نے نیا اوتار دھارا، اے عرب تو نے نیا جنم پایا کیونکہ تجھے رسولِ خدا آ ہاتھ آیا، اے عرب! رب کے رنگ نیارے ہیں، داتا جسے چاہے دیدے، ورنہ تیرے ہاتھ آئے یہ دولتِ محمدیؐ! تجھے نصیب ہو یہ جمالِ احمدیؐ!

اے ہمالہ کی بلند چوٹیو، تم ہی کچھ کہو! سینکڑوں رشیوں نے تمہاری شفقت اور پیار کی گود میں نواس کئے، صدہا جوگیوں نے تمہارے سہارے محبت میں جوگ کمائے، ہزاروں تپیشروں نے تمہاری آغوشِ اُلفت میں تپ دھارے لاکھوں گوروؤں سدھوں نے تمہاری ہاں چرن کنول ڈالے۔

اے کوہِ ہمالہ! مگر سچ کہنا، کہیں دیکھا ہے تونے وہ مکہ کا راج دُلارا، کہیں نظر پڑا ہے تجھے بھی وہ مدینہ کا پیارا۔

اے رودبارِ گنگا، تیرے پوتر جل نے پجاریوں کو رام نام جپایا۔ تیری شیتل لہروں نے مسافرانِ عدم کو تھپک تھپک کر ابدی نیند سلایا۔ تیرے پاک پانی نے پریم کے جوت کا دیا ہر پریمی کے من میں جلایا، تیرے میٹھے میٹھے گھونٹوں نے معرفت کے تشنہ لبوں کو آبِ کوثر کا مزہ چکھایا۔

اے موجِ گنگا۔ جس کسی کی آنکھیں تجھ سے دوچار ہوئیں، تو نے اُسے گنگا جل

پلا کے چھوڑا۔

اے آبِ گنگا! آخر یہ تو کہہ کہیں اس آب زمزم والے سے بھی تیری آنکھ لڑی۔ کہیں اس مکی مدنیؐ نے بھی تجھ سے کوئی گنگا جل بھری۔

اے تاجدارِ عربؐ! سنتے ہیں۔ تیری چھب عجب موہنی تھی اور تیرا روپ انوپ تھا۔ اے دلدارِ عرب! کہتے ہیں تیری پریت کی جوت جس من میں جگی وہ بجھائے نہ بجھی۔ جس آنکھ پر تیری نگاہ پڑی۔ وہ پھر تیری ہی ہو رہی۔

چشمِ رحمت بکشا سوئے من انداز نظر
اے قریشی لقبی ہاشمی و مطلبی

من بیدل بجمال تو عجب حیرانم
اللہ اللہ چہ جمال است بدیں بوالعجبی

نسبتے نیست بذات تو بنی آدم را
بہتر از عالم و آدمؑ تو چہ عالی نسبی

نسبت خود بسگت کردم و بس منفعلم
زانکہ نسبت بسگِ کوئے تو شد بے ادبی

ذاتِ پاک تو دریں ملکِ عرب کرد ظہور
زاں سبب آمدہ قرآن بزبان عربی

نخل بستانِ مدینہ ز تو سرسبز مدام
زاں شدہ شہرۂ آفاق بشیرین رطبی

بر درِ فیض تو استادہ بصد عجز و نیاز
رومی و طوسی و ہندی یمنی و حلبی

ما ہمہ تشنہ لبانیم و توئی آبِ حیات
لطف فرما کہ ز حد میگذرد تشنہ لبی

شبِ معراج عروجِ تو ز افلاک گذشت
بہ مقامے کہ رسیدی نرسد ہیچ نبی

سیدی انت حبیبی و طبیب قلبی
آمدہ سوئے تو قدسی پئے درماں طلبی

حصہ اوّل

باب ۱

آنحضرتؐ کی اوائلِ عمری

عرب میں ہر قبیلے کے لوگ جدا جدا رہا کرتے تھے، ملک ریگستان تھا اور علاقہ پہاڑی بھاری قصبہ یا شہر ہونا تو درکنار بڑی آبادی ہی ایک جگہ ہونی محال تھی، جہاں تھوڑا بہت پانی نظر آیا۔ ذرا سبزہ نے منہ دکھایا، وہیں بیٹھ گئے۔ اور خیمے ڈیرے ڈال دئے۔ اسی جگہ اپنا ٹھکانہ بنا لیا۔ یہی روش مکّہ والوں کی تھی، اور یہی رویہ گردونواح کے لوگوں کا تھا۔

مکہ میں کوئی راج راجہ نہ تھا، بڑے بڑے قبیلوں سے دس آدمی چن لئے جاتے تھے۔ وہی راج نیتی کا کام کرتے تھے۔ اور انہیں لوگوں میں سے خانہ کعبہ کے متولی بھی ہوا کرتے تھے۔ مدتوں یہی عملدرآمد رہا اسی طریق پر وہ لوگ کاربند رہے۔

ایک دفعہ ایسا واقعہ پیش آیا کہ غنیم نے باہر سے آکر مکّہ پر ایک زبردست دھاوا کیا، آنحضرت صلعم کے پردادا نے مردانہ وار مقابلہ کیا اور ایسا جان توڑ کر لڑے۔ کہ دشمن کو شکست فاش ہوئی۔ اور اُسے بھاگتے ہی بنی، اس نمایاں کام کے صلہ میں لوگوں نے اس بزرگ کو سردار مکہ مقرر کر دیا، اور یہ

عہدہ سرداری میراث میں دیدیا۔

آنحضرت کے والدین

آنحضرت صلعم کے والد ماجد حضرت عبداللہ کی عمر کا چوبیسواں سال تھا، جب بی بی آمنہ سے اُن کی مناکحت ہوئی۔ آغازِ مسرت ہوا ہی تھا، کہ اختتام خوشی بھی ساتھ ہی شروع ہوگیا یک لخت کوہِ غم آمنہ کے سر پہ آ ٹوٹا، عبداللہ تجارت کے لئے سفر کو گئے تھے۔ واپسی پر جب مدینہ پہنچے تو بیمار ہو گئے، پیغامِ اجل آ پہنچا اور روح پرواز کر گئی، ابھی عمر کا چبیسواں سال بھی ختم نہ ہونے پایا تھا کہ قضا وقدر نے آپ کی زندگی کا خاتمہ کر دیا، بی بی آمنہ کا نخلِ مراد ابھی بارور ہوا ہی تھا، کہ یہ باغبان چمن عالم سے رخصت ہو گیا، عبداللہ کو وہ نونہال دیکھنا بھی نصیب نہ ہوا، جسے جگت کو نہال کرنا تھا۔

جو رنج وصدمہ شوہر کی وفات سے بی بی کے دل پر گذرا اس کا تو کیا ٹھکانہ مگر آنحضرت صلعم کے دادا عبدالمطلب کی جو جانکا حالت تھی، وہ تو حدِ بیان سے باہر ہے، اُدھر سو سال کی عمر، ادھر سب سے چھوٹے لختِ جگر اور سب سے پیارے سپوت کا عین عالمِ شباب میں رحلت کر جانا، خدا امان دے اور دشمن کو بھی اس صدمہ سے محفوظ رکھے۔

بزرگ عبدالمطلب بیٹے کے دردِ وفات سے بے بس و بے قرار ہو جاتے اور بار بار یہی کلمہ زبان پر لاتے۔

اے راحتِ جان۔ کیا میں نے اسی لئے پالا پوسا تھا کہ تو خود تو چل بسے اور اس بڑھاپے میں دکھڑوں کا ورثہ باپ کے لئے چھوڑتا جائے۔ اے اجل!

جو تو نے میرے دن اس دنیا پر کاٹ دیئے ہوتے۔ تو میں آج اس عذاب زندگی سے بچ گیا ہوتا۔

ادھر بیکسی اور بے بسی کا یہ عالم تھا، اُدھر فرشتۂ غیب ندا دے رہا تھا۔

صدائے غیب کہ لے ہمت کے ہیٹے! اور حوصلہ کے پست! اس وسعتِ خیال کے میدان میں تو اس تنگ خیالی سے کام نہ لے، اور عقل کی باگ ہاتھ سے نہ دے۔ جس نصیب سے تو بہرہ ور ہے، اس کی تجھے کیا خبر، بھگوان نے جو بھاگ تیرے لئے لکھے ہیں ان کا تجھے کیا علم۔ کہاں ہے تیرا دھیان اور تو ہے کس سوچ میں، ذرا ہوش کی لے، اور عقل کی آنکھ کھول جس پریتم کو تک کے پریم نگر میں اپنی چھب دکھانی ہے، وہ ابھی تیری آغوشِ الفت میں آ کر نہیں بیٹھا، جس شمع کو اپنی اچنبہ روشنی سے عرب کا اندھیرا اجالا کر دینا ہے، وہ ابھی روشن نہیں ہوئی جس چندر ما کو بھارت میں چودھویں کا چاند بن کر چمکنا ہے۔ وہ ابھی نہیں نکلا، جس مہر المنور کو اپنے نور سے عالم کو بقعۂ نور بنا دینا ہے۔ وہ ابھی نمودار نہیں ہوا۔ جس مؤذن کی آواز کو عرب کے کھنڈروں سے نکل کر ہمالہ کی چوٹیوں پر جا گونجنا ہے، وہ ابھی منبر پر نہیں چڑھا۔ جس نامور کو تیرا نام نامی شہر بہ شہر رشکِ عالم بنانا ہے وہ شہرۂ آفاق ابھی تیرے ہاں پیدا نہیں ہوا۔

اشارہ آمد ابھی یہ الفاظ اس فرشتہ کی زبان ہی پہ تھے کہ۔

یکایک ہوئی غیب حق کو حرکت — بڑھا جانب بوقبیس ابرِ رحمت
ادا خاکِ بطحا نے کی وہ ودیعت — چلے آتے تھے جسکی دیتے شہادت

ہوئی پہلوئے آمنہ سے ہویدا
دُعائے خلیل و نوید مسیحا

سورۂ بقرہ کے رکوع پندرہ میں رقم ہے۔ کہ حضرتِ ابراہیم نے دعا کی تھی۔ کہ اے خدا۔ مکہ والوں میں ایک نبی انہیں میں سے بھیج۔ ایسا ہی سورۂ صف کے پہلے رکوع میں بھی مندرج ہے اور انجیل یوحنا کے سولھویں باب میں بھی مرقوم ہے کہ حضرت عیسیٰؑ نے اپنی قوم کو بشارت دی تھی کہ میرے بعد ایک نبی آئے گا نام اس کا احمد ہوگا۔ آنحضرتؐ نے خود بھی کہا ہے۔ کہ میں اپنے دادا حضرت ابراہیمؑ کی دعا اور اپنے بھائی عیسیٰؑ کی بشارت ہوں

آخر وہ نیک ساعت آئی۔ جس کا اشارہ ہو چکا تھا۔ لگا وہ شبہ لگن جس کی منتظر ایک خلق خدا تھی۔ چڑھا وہ سورج بھگوان جس کی سنہری کرنوں سے مشرق میں جگمگ ہونے لگی۔ نکلا وہ چودھویں کا چاند جس کی چاندنی سے مغرب کی تاریکی شعاع نور بن گئی۔ خدا کا نور ایک خاکی پیرہن زیب تن کئے۔ بزم عالم میں جلوہ گر ہوا ہے

کبھی اے حقیقت منتظر نظر آ لباسِ مجاز میں
کہ ہزاروں سجدے تڑپ رہے ہیں مری جبینِ نیاز میں

بی بی آمنہ کے ہاں پوت ہوا۔ پوت وہ سپوت کہ جس کی آمد سے عرش و فرش پر اس کی مہمان نوازی ہونے لگی۔

بطحا کا باشی من موہن جب فرش پہ آیو آنن میں
تب کا سے کہوں ہیں اے ری سکھی جو دھوم تھی کون مکانن میں

سب حور وملائک جن وبشر سالوں ہی فلک اور سارے نبی
تھی صل علیٰ کی دھوم مچی ۔ آتی تھی صدا یہی کان میں

صانع نے اپنی صنعت کے بارہا کرشمہ دکھائے۔ گوناگوں شمع رو بنائے اور عجیب وغریب ماہ رو دکھائے۔ مگر ذاتِ حق نے اب کے وہ کانِ خوبی بنائی جہاں سے عالم بھر کے خوبان نے اپنی اپنی ملاحت پائی ۔

جب حسنِ ازلی پردۂ امکان میں آیا ہر رنگ بہر رنگ ہر اک شان میں آیا
حرمت سے ملائک نے اُسے سجدہ کیا ہے جس وقت کہ وہ صورتِ انسان میں آیا
گل ہے وہی سنبل ہے وہی نرگس حیران اپنے ہی تماشہ کو گلستان میں آیا
قانون وہی ساز وہی طبلہ وہی ہے ہر تار میں بولا وہ ہر اک تان میں آیا

اول وہی آخر وہی ظاہر وہی باطن
مذکور یہی آیت قرآن میں آیا

جب پوتے کی پیدائش کی خبر بزرگ عبدالمطلب نے سنی تو مارے خوشی کے مسرت کے آنسو ان کی آنکھوں سے بہہ نکلے۔ بیٹے کی جدائی کا زخم پوتے کی ولادت کے مرہم سے بھر گیا غم کی جگہ مسرت نے لی ۔ اور دل میں امنگوں اور آرزؤں نے ہجوم کیا ۔

اس خوشی میں دادا نے جگہ جگہ مجلسیں کیں، گھر گھر جشن کیے گئے دان دیئے۔ بوڑھے دادا کو اپنا مرحوم بیٹا پھر دوبارہ نظر آنے لگا ۔ اُن کے لئے تو گویا عبداللہ نے از سر نو جنم لیا۔ انہیں کیا معلوم تھا۔ کہ یہ اس سرور کائنات نے جنم لیا ہے۔ جس کے نام کا ڈنکا چاروں اطراف عالم میں بجے گا۔ اور

جس کا جھنڈا میدان ہستی پر اتنی مضبوطی سے گڑے گا۔ کہ نہ اُسے مشرق کی ہوا گرا سکے گی اور نہ مغرب کی تیز آندھی متزلزل کر سکے گی۔ ادھر ماں کی یہ کیفیت تھی۔ کہ کہاں تو ہر وقت دامن آنسوؤں سے بھرا رہتا تھا۔ اٹھتے بیٹھتے جاگتے سوتے آہیں بھرا کرتی تھی۔ اور کہاں اب یہ عالم کہ ہر غم مبدل بہ راحت ہو گیا۔ دنیا سے از سرِ نو وابستگی پیدا ہو گئی اور عالم سے ٹوٹا ہوا رشتہ پھر بندھ گیا۔

وہ احمدؐ جس کی آمد کی بشارت بی بی آمنہ کو فرشتہ نے خواب میں دی تھی۔ اب وہ نورِ مجسم بن کر آنکھوں کے سامنے تھا۔ بھولی پیاری ننھی سی صورت جس کسی نے اس کے لبِ لعلین و چشم جادو دیکھے۔ حیرت کے سکتہ میں رہ گیا۔

اے چہرۂ زیبائے تو رشکِ بتانِ آذری ہر چند وصفت می کنم در حسن زاں بالاتری
تو از پری چابکتری و ز برگِ گل نازک تری وز ہر چہ گویم بہتری حقا عجائب دلبری
آفاق ہا گردیدہ ام مہرِ بتاں ورزیدہ ام بسیار خوباں دیدہ ام اما تو چیزے دیگری
تا نقش می بندد فلک کس را ندادہ این نمک حوری ندانم یا ملک فرزندِ آدم یا پری
ہرگز نیاید در نظر صورت ز رویت خوبتر
شمسی ندانم یا قمر یا زہرہ یا مشتری

بچہ کو طواف کرانا

عرب کے رسم و رواج کے مطابق بزرگ عبد المطلب کو طواف کے لئے خانہ کعبہ میں لے گئے۔ حرم محترم میں پہنچ کر انھوں نے حسبِ معمول ہبلون پتھروں کو سجدہ کیا۔ اور بتوں کے سامنے سر جھکایا۔ اور اُن کے حضور میں دعا مانگی۔ کہ اے بتو:۔ میرا بیٹا

بختِ خفتہ بیدار ہوا ۔ میرا بھولا بھٹکا نصیب یاور ہوا ۔ جو میرے بیٹے کے گھر بیٹا ہوا ۔ اے مندروں کی مورتیوں میرے بچہ کو زندگی بخشیو اور اس کی عمر دراز کیجیو ۔

وائے حسرت! عبدالمطلب کی بھلا وہ کہاں آنکھ ۔ جو وہ یہ دیکھ سکتے کہ میرے بچہ کے دستِ قدرت میں تو اِن بتوں کی مرگِ دوام ہے ۔ وہ تو بت پرستی کا خاتمہ کر دے گا میں بھلا اس بتکدہ میں یہ کیا دعا مانگ رہا ہوں اور اس صنم خانہ میں دست بدعا کس سے ہو رہا ہوں مگر وہ ایک سو سال کا بڈھا بزرگ ۔ اس کی تمام عمر گذری مورتی پوجن میں اس نے سینکڑوں پجاریوں کو ان کی پوجا کرتے اور جاتریوں کو ان کی آستین چومتے تو دیکھا مگر یہ نہ دیکھ سکا کہ بھلا اِن سے تسکین قلب کسی کو بھی ہوئی ، کبھی اسکا اعتقاد کامل تھا ۔ کہ جو کچھ ملے گا ان ہی کے در سے ۔ اور جب کبھی بگڑی بنے گی تو ان ہی کی جناب سے ۔ لیکن کون اس بزرگ کو سمجھاتا کہ اس کے لات و ہبل محض اینٹ اور پتھر ہیں اور اگر کوئی سمجھاتا بھی تو کب کسی کی سنتا اس نے نہ ہی کچھ کیا ۔ جو اس کے آبا و اجداد پشت با پشت سے کرتے چلے آتے تھے ۔ آخر بت پرست بزرگ اس بت شکن بچہ کو طواف کرا کر اور خود بتوں کے سامنے دُعا مانگ کر گھر واپس لے آیا ۔ کنبہ قبیلہ کو اکٹھا کیا ۔ راگ رنگ کی محفل رچائی اور دھوم دھام سے خوشی منائی بچہ کا نامِ نامی اسمِ گرامی محمدؐ رکھا گیا ۔

زباں پہ بارِ خدایا یہ کس کا نام آیا کہ میرے نطق نے بوسے میری زباں کیلئے

یہ پیارا بچہ اپنی دودھ پلائی ماں حلیمہ کے ساتھ قریباً چار سال رہا اس کے بعد ابھی تقریباً دو ہی سال اس نے اپنے گھر اپنی ماں کے ساتھ گذارے تھے۔ کہ قضا و قدر نے یہ دو مفارقت درمیان میں حائل کر دیا ماں کے نصیب میں یہ لکھا نہ تھا کہ وہ اپنی محبت کے پودے کو پھولتا پھلتا دیکھتی۔ بی بی آمنہ راہی ملک عدم ہو گئیں۔ اور چھ سال کا بچہ پیچھے چھوڑ گئیں تھوڑا عرصہ ہی گذرنے پایا تھا کہ ایک نئی آفت سر پہ آپڑی۔ ماں کی وفات کے بعد یتیم بچہ کو صرف دادا کا آسرا رہ گیا تھا۔ اب وہ بھی چل بسے اور محمد آٹھ سال کا یتیم بچہ یکہ و تنہا رہ گیا۔ لاچار تو ماں کی موت نے ہی کر دیا تھا۔ اب دادا کی رحلت نے بالکل ہی عاجز کر دیا مرضی مولی اشرف گھرانے کا لڑکا اور شریف مکہ کا پوتا آن کی آن میں بے خانماں ہو گیا۔

مگر یہاں ایک راز الٰہی پنہاں تھا۔ قدرت کو یہ منظور تھا کہ اس یتیم بچہ کو وہ منصب عطا کرے جس کے سرانجام دینے کے لیے ذاتی تجربے، صبر و تحمل اور غیرتِ برداشت کی غیر معمولی ضرورت تھی۔ اس لئے قدرت نے اسے دنیا میں یکہ و تنہا چھوڑ دیا تا کہ وہ ہر آنے والی مصیبت کو بچشم خود دیکھ سکے دکھ درد کو سمجھ سکے۔ چنانچہ دنیا نے دیکھا کہ زمین عرب کا یہ لاچار و بیکس، یتیم مفلسوں اور یتیموں کا والی اور ہر دکھ اور ہر درد کا درماں بنا۔

مصیبت میں غیروں کے کام آنے والا وہ اپنے پرائے کا غم کھانے والا
فقیروں کا ملجا ضعیفوں کا ماویٰ یتیموں کا والی غلاموں کا مولیٰ

باب ۲

امین وصادق

اب آگے پیچھے کوئی نہ تھا۔ جو اس یتیم بچہ کی پرورش کرتا۔ ظاہر ہے ماں باپ کے سوا کون کسی کو پالتا ہے۔ لیکن قدرت خداوندی اس معصوم کی پرورش کا انتظام اس طرح کرتی ہے کہ آپ کے چچا ابوطالب جو ایک بڑے کنبہ پرور شخص تھے آگے بڑھے اور انھوں نے پرورش اپنے ذمہ لی۔ پالا پوسا اور اپنے ساتھ تجارتی کاروبار میں بھی شریک کر لیا۔ ایام طفولیت سے لیکر قریباً پچیس برس کی عمر تک چچا بھتیجا دونوں شراکت میں تجارت کا کام کرتے رہے۔ آپ نے اپنی صداقت وسچائی اور خوش معاملگی سے کاروبار میں بڑی شہرت حاصل کی۔ یہاں تک کہ لوگ آپ کو "امین" اور "صادق" کے خطاب سے مخاطب کرنے لگے۔ تجارت وصداقت ہر دو ضدین ہیں۔ ان کا ساتھ ساتھ نبھانا گویا آگ پانی کو ملانا ہے۔ تجارت وہ پیشہ ہے کہ جس کے اشتیاق کی اگنی کو اگر حسد وحرص کے بھوت ساتھ ساتھ دھونکتے نہ جائیں، تو نج بیوپار کا گرم بازار آناً فاناً ٹھنڈا ہو جائے۔ خواہ کوئی کتنی ہی جنس بے بہا کیوں نہ رکھے، جب تک اسے دھوکے کا رنگ نہ دے اور اسے فریب کے شیشے میں نہ اتارے۔ بھلا کوئی گاہک کیونکر پھنسے۔ جس جگ میں محبت کا معیار زر اور بہ بہیت کی پرکھ پیسہ ہو گیا ہو وہاں مال ومتاع کے خریداروں کی

دلداری بھلا بجز ریاکاری کس طرح ہو گی۔ جس جگ میں حرص و ذہب کا اس قدر زور ہو۔ اور محبت کا عالمگیر قحط۔ وہاں مکر و فریب سے دور بھاگنا۔ راستی پر چلنا، جھوٹ سے کنارہ کرنا اور "صادق" "امین" کہلانا یہ کس کا کام ہے۔

پھر سچ بولنا کس روئے زمین پر؟ عرب کے اندھیرے میں۔ جہاں نہ عقل کی روشنی نہ تمیز کا اجالا۔ جسے دیکھو اندر باہر سے کالا جہاں لوگ ہر بُرے فن میں ماہر ہوں۔ اور ہر سیاہ ہنر میں طاق، وہاں راستی برتنا ہی منہ کالا کرنا ہے۔ ایسے بدکاروں میں نیکوکار ہو کر رہنا یہ کس کا کام ہے!

پھر سچ بولنا کس عمر میں، جب سن ہو چوبیس پچیس، عین جوانی اور آندھی مستانی، اس وقت جوانی کی امنگیں اور شباب کے ولولے اپنی دھن میں بشر کو ایسا اندھا اور بے لگام بنا دیتے ہیں کہ وہ دائیں بائیں نگاہ تک نہیں کرتا کہ کہاں ہے راہ راست اور کدھر ہے کجروی، اسے خبط ہوتا ہے تو بس یہ اک اپنے خیال سے کہ جس طرح بھی ہو۔ یہ خبط پورا ہو۔ جھوٹ موٹ جو بھی بن آئے بناؤ۔ مگر اپنا جنون نبھاؤ۔ جوانی ایک بُری بلا ہے۔ جوانی کے ندی نالے جب طغیانی پر آجائیں۔ تو بڑے بڑے گنی پنڈتوں اور دھرم وان کیشروں کو اُن کے سبھی گیان گوشت سمیت آگے بہا لے جائیں جوانی کے اس عالم میں صادق القول بنا رہنا بشر کے مقدور سے باہر ہے۔ اور انسان کی طاقت سے بعید مگر یہاں تو بات ہی کچھ اور ہے۔

آؤ سنو۔ دیکھو یہ طلسم حق ہے۔ اے آنکھوں والو۔ دیکھو، تربیت کے سلسلہ کو درہم برہم نہ کرو۔ اور نرنکار کے نور کو اجسام خاک میں نہ

بلاؤ۔ آؤ لوگو۔ اس "امین" کو دیکھو۔ یہ امن کا روپ ہے یہ سندر سروپ ہے۔ اے کانوں والو۔ آؤ۔ اس "صادق" کو سنو۔ یہ قرآن ہے۔ یہ صداقت کا پیغام ہے۔

حضرت خدیجہؓ

ان دنوں مکہ میں ایک بیوہ بڑے شریف خاندان کی رہا کرتی تھیں۔ انکا نام خدیجہؓ تھا۔ عمر تقریباً چالیس برس کی تھی ان کے پاس مال و اسباب اور سامانِ تجارت کی کافی بہتات تھی۔ انہیں ضرورت تھی ایک ایسے لائق منتظم کی جو کاروبار کو خوش اسلوبی سے سنبھال سکے۔

ان کے کانوں تک بھی آپ کی تعریف و توصیف پہنچی کہ ایک نوجوان محمدؐ نامی بڑا ہونہار ہے۔ قول کا سچا اور زبان کا پورا ہے۔ لقب اس کا "امین" اور خطاب اس کا "صادق" ہے خدیجہؓ کہنے لگی کہ اگر ایسا آدمی میرے ہاتھ آجائے تو میرا بھی بگڑا کام بن جائے۔

خدیجہؓ نے آپ کو پیغام بھیجا کہ اگر تم میری ملازمت اختیار کرلو اور میرے کام کو دیانت داری کے ساتھ چلاؤ تو میں تمہیں اس آمدنی سے دوچند دیا کرونگی جو اب تمہیں ہوا کرتی ہے۔ مجھے دیانتدار اور راست گفتار آدمی کی بڑی ضرورت ہے۔ اگر تم میرے مال کو اپنا مال سمجھو اور میرے نقصان کو اپنا نقصان تو پھر جو حق خدمت بھی تم مانگو۔ مجھے دینے میں دریغ نہ ہوگا۔

خدیجہؓ کی ملازمت

جب آپ کو یہ پیغام ملا تو آپ نے اپنے چچا سے مشورہ کے بعد یہ فیصلہ کیا کہ جو خدمت صداقت و دیانتداری کے نام پر پیش کی جائے اُسے قبول کر لینا چاہیئے، چنانچہ آپ خدیجہ کے کاروبار میں چلے گئے۔ اور اُن کے کام کاج کا انتظام اپنے ہاتھ میں لے لیا۔

ابھی تک تو خدیجہؓ نے سنی سنائی تعریف پر آپ کو بلوایا تھا اور یہ کام آپ کے سپرد کر دیا تھا۔ اب اپنی آنکھوں دیکھا کہ محمد کو نہ دکھاوے سے غرض ہے نہ نمود و نمائش سے کام نہ انہیں دن کو چین ہے نہ رات کو آرام۔ بس انہیں ایک ہی دھن ہے صداقت اور سچائی کی۔ اور ایک ہی خیال ہے اپنے فرائض کی ادائیگی کا۔

جب بی بی خدیجہؓ کو محمدؐ کی صداقت و دیانتداری، اور حسن انتظام کا پورا یقین ہو گیا اور تجارتی کاروبار میں خاصی ترقی ہونے لگی تو ایک دن محمدؐ کی غیر معمولی اور ہمہ گیر خوبیوں سے متاثر ہو کر خدیجہؓ کے دل میں یہ خیال آیا کہ ایسا شخص جو تجارتی دنیا کی کٹھن و دشوار گذار گھاٹیوں میں بھی صداقت و سچائی کا دامن نہیں چھوڑتا یقیناً غیر معمولی انسان ہے، اگر یہ رفیق کار ہونے کے ساتھ ساتھ رفیق حیات ہونا بھی قبول کر لے تو زہے نصیب!

رفتہ رفتہ یہ خیال بی بی خدیجہ کے دل میں جگہ حاصل کرنے لگا۔ لیکن ان کو جرأت نہ ہوتی تھی کہ اپنی درخواست پیش کریں بالآخر انھوں نے ایک معتبر قاصد کے ذریعہ اپنا پیغام اس پیکر صداقت و امانت کی خدمت میں بھجوایا۔ اور نکاح کی تمنا ظاہر کی۔

اس وقت تک محمدؐ کو خدیجہ کی تجارتی ذمہ داریاں لئے ہوئے کافی دن گذر چکے تھے اور اس اثنا میں انہیں خدیجہ رضؓ کی حق شناسی، وطبعی سعادت کے مطالعہ کا پورا موقعہ مل چکا تھا۔ لیکن پھر بھی انھوں نے کوئی فوری فیصلہ نہیں کیا۔ اپنے بزرگ چچا ابوطالب کو خدیجہ کے اس پیغام سے وساطتہً مطلع کیا۔ خود بھی غور و فکر کیا۔ چچا نے اپنی رضامندی ظاہر کی۔ اس کے بعد آپ نے پیغام شادی کو منظور فرمایا۔ اور آپ کا عقد بی بی خدیجہ کے ساتھ ہو گیا۔ یہاں یہ حقیقت بالکل نمایاں ہے کہ آپؐ خدیجہ کے پیش کردہ پیغام شادی کو منظور کرنا ان عام بشری خواہشات کی بنا پر نہ تھا جو ہم انسانوں کی دنیا میں اکثر و بیشتر پایا جاتا ہے۔ کیونکہ اس وقت خدیجہ کی عمر چالیس برس کی تھی۔ اور محمدؐ پچیس برس کے جوان تھے۔ محض خدیجہ کی وہ صاف اور ستھری فطرت اور حق شناسی و راست پسندی تھی جس نے محمدؐ کی رفاقت کا شرف حاصل کر لیا۔

خدیجہ ایک نہایت ہی معاملہ فہم خاتون تھیں اور حد درجہ وفا شعار انھوں نے اپنا تن من دھن سبھی کچھ اپنے پیارے پتی پر قربان کر دیا اور کسی چیز کو بھی دنیا میں ان سے زیادہ عزیز نہ سمجھا آپ کو آسودہ حال بنایا۔ آپ کی دشمنوں سے جان بچائی۔ آپ کی نبوت پر سب سے اوّل ایمان لائیں۔ نکاح کے بعد پندرہ برس تک زندہ رہیں۔ اور اپنے دھرم پتی سے اس طرح پریم پریت کی زندگی نباہی کہ وفاداری اور جاں نثاری کا نقش آپ کے دل پر ہمیشہ قایم رہا جسے نہ تو وقت ہی مٹا سکا

نہ کسی کا رشک ہی مٹا سکا۔ آپ خدیجہ کی وفات کے بعد جب کبھی انہیں یاد کرتے تو آہ سرد بھرتے، ایک دفعہ جو آپ نے ان کی یاد میں ٹھنڈا سانس بھرا تو عائشہ جو آپ [illegible] کہنے لگیں کہ اے رسول اللہ کیا خدیجہ بوڑھی نہ [illegible] اور [illegible] اس کی بجائے بہتر عورت نہیں عطا کی، آپ نے فرمایا "جب میں غریب تھا تو اس نے مجھ سے شادی کر کے آسودہ حال بنایا۔ جب مجھے سب لوگ جھوٹا کہتے تھے تو اس نے مجھے سچا جانا، جب کل عرب میرے خلاف تھا تو اس نے میرا ساتھ دیا۔

واقعات قبل از رسالت

ہونہار بروا کے چکنے چکنے پات جس شخص کو پیغمبری کی مسند پر بیٹھنا تھا اور جس پر وحی نازل ہونی تھی۔ اس کی زندگی کے واقعات قبل از نزول وحی خود ہی ایک شوخی شہادت اس امر کی دے رہے تھے۔ کہ یہ بشر عوام الناس سے نہیں ہے۔ یہ انسان کسی اور ہی طبقہ سے ہے۔ واقعات صریحاً جتلا رہے تھے۔ کہ اس کے اقبال کے ستارہ کو کس عرش بریں پہ جا کے چمکنا ہے اور اس کے جمال کی شمع کو کس محفل کا سنگار بننا ہے۔

غلام زید کی رہائی

ایک شخص زید نامی غلام خدیجہ کے بھتیجے کے پاس رہا کرتا تھا۔ اس نے خدیجہ رض کو بطور تحفہ یہ غلام نذر کر دیا

تھا۔ آپ کی نگاہ جو اس غلام کی غلامی پر پڑتی، تو غیرت انسانی کی ایک لہر سی دل میں جوش مارتی ۔طرح طرح کے خیالات دل میں پیدا ہو جاتے۔ اور کئی قسم کے ارادے دل میں اٹھ کھڑے ہونے، آخر آپ نے ایک دن اُسے خدیجہ سے مانگ ہی لیا، اور ازروے بندہ پروری اس بندۂ خدا کو آزاد کر دیا۔ خدا کی شان، وہ بندگی اس بندہ کو ایسی بھاگئی کہ اس نے مخلصی پاکر بھی اپنے آقا کا دروازہ نہ چھوڑا۔

محبت پر آپ فریفتہ تھے اور وفا پر فدا۔ اس وفاداری نے زید کی قدر وقیمت آپ کی نگاہ میں اور بھی زیادہ کر دی۔

"قدرِ زر زرگر شناسد۔ قدرِ جوہر جوہری
قدرِ گل بلبل شناسد قدر عنبر را علی

آپ نے اپنے ہی خاندان میں زید کی شادی کا انتظام بھی کر دیا۔ کہاں وہ کل کا غلام۔ کہاں اسے آج برابر کا بھائی بنا سامنے بٹھایا۔ اس فرشتہ خصلت کا یہ وہ کرشمہ تھا کہ جس کی نظیر اُس زمانہ کی تاریخ میں کسی جگہ نہ ملے گی۔

بھلا کون برداشت کر سکتا ہے کہ اس کا غلام اس کے پہلو بہ پہلو آبیٹھے۔ اور غلام بھی اس زمرہ کا۔ جس کی حیات و موت اس کے مالک کی تابع مرضی ہو۔ جہاں مالک نے چاہا اپنے غلام کو مچھر کھٹمل کی طرح کچل دیا۔ اور کیڑے مکوڑے کی طرح پاؤں تلے روند دیا۔ ایسے بیکس بندہ پر عرب کے اندھے اندھیرے میں رحم کرنا اور ترس کھانا اور پھر اپنے خاندان

میں ہی غلام کی شادی کر کے اس بندہ نوازی کو بدرجۂ نہایت پہنچایا جو بشر کے مقدور سے دور ہے۔ یہ غلام پروری اسی بندہ پرور کے لیے ہی مخصوص تھی۔ جس کو رسالت کی عدالت پر بیٹھنا تھا۔ یہ معدلت گستری وہی کر سکتا تھا۔ جس کو حق نے حق پہچاننے کو بھیجا تھا۔ کہ وہ انسان میں کوئی امتیاز نہ رکھے اور خالق کی سب مخلوق کو یکساں جانے۔

سنگ اسود

ایک دفعہ کا ذکر ہے کہ مکہ معظمہ میں خانہ کعبہ کی عمارت کی از سرِ نو تعمیر در پیش تھی۔ ہر ایک کنبہ یہ عزت اپنے لئے چاہتا تھا۔ کہ وہ خود سنگ اسود اٹھا کر اس جگہ پر لگا کے رکھے، بحث مباحثہ اس بات پر بہت ہوا، مگر نتیجہ بجز فساد کچھ نہ نکلا آخر ان لوگوں نے یہ تجویز ٹھہرائی کہ یہ معاملہ تقدیر پر رہنے دو۔ اور جو شخص کل صبح دم سب سے اوّل خانہ کعبہ کے دروازے میں داخل ہو اس کے فیصلہ پر یہ معاملہ چھوڑ دو۔ خدا کی شان سب سے اوّل جو شخص وہاں سے گذرا۔ وہ آپ کی ذات بابرکات تھی۔ چنانچہ یہ ثالثی آپؐ پر چھوڑ دی گئی۔ آپ نے کہا کہ ایسا کرو کہ ایک چادر بچھا دو۔ اس پر میں خود سنگِ اسود رکھ دیتا ہوں تم اپنے اپنے قبیلہ سے ایک ایک آدمی چن لو۔ یہ سب چاروں کنارے چادر کے پکڑ لیں، اور جہاں اسے لیجا کے رکھنا ہے۔ وہاں لے جائیں۔ اس جگہ میں چادر سے اٹھا کر اسے اوپر رکھ دوں گا۔ یہ فیصلہ چونکہ ثالثی تھا سب کے دل کو بھا گیا عدل اور انصاف کے ترازو میں تلے ہوئے ایسے فیصلہ جات اور اس رام رنگ میں رنگے ہوئے کے عجیب و غریب حالات

ایک سمجھدار کی سمجھ کو تو گرداب فکر کے ایسے "تلاطم" میں لیئے جا رہے تھے کہ وہ ششدر و حیران ہوا جاتا تھا، کہ عالم کی ہوا کس رُخ چل رہی ہے، اور یہ ناخدا اپنی ناؤ کس جانب لیے جا رہا ہے۔

معرفت اور گیان کی لو

آپ کی طبیعت میں لڑکپن ہی سے یہ بات موجود تھی کہ آپ کافی دور آبادی سے تنہائی میں جا بیٹھتے اور من بچار کرتے رہتے۔ بالعموم غار حرا میں آپ کا جانا ہوا کرتا تھا، یہ غار بلکہ سے خاصی دور، ایک سنسان سی جگہ واقع تھی تقریباً سارا ماہ رمضان کا آپ خلوت میں اس غار میں بسر کیا کرتے تھے۔ اور آنکھیں بند کیئے دل کی گہرائی اور طبیعت کی بلندی بھی ساتھ ساتھ زیادہ ہوتی گئی طرح طرح کے خیالات آپ کے دل میں اٹھتے۔

کہ میں کون ہوں اور کہاں سے آیا ہوں؟ کیا مقصد ہے میرا یہاں اور کہاں ہے میری منزل مقصود؟ یہ پرندے چرند اور انسان حیوان، یہ گل و گلزار اور اشجار و انہار ہیں کس کے؟ کوئی آخر مالک بھی تو ہے ان کا، یہ کھیل کس نے ہے بنائی اور یہ رام لیلا کس نے رچائی؟ آخران کرنے کی مورتیوں کو یہ طاقت کہاں کہ یہ بے جان بت نظام دنیا کا سنبھالیں نہ ان مٹی کے پتھروں کی یہ طاقت کہ یہ عنانِ عالم ہاتھ میں لیں۔ تو پھر ہے کس صانع کی یہ صنعت ساری اور کس کی کلک قدرت کی ہے یہ قلمکاری؟ ان ہوا کے طفنوں میں یہ تحریک کس کے اشارہ سے ہے؟ اور اس جل تھل پانی میں یہ حرکت کس کے ایما سے ہے؟ اور کوئی فرمانروا اس مملکت کا ہوگا مگر وہ کدھر ہے

مجھے کیوں نظر نہیں آتا؟ اور میرے من کی ترشنا نہیں بجھاتا؟ یہ بھڑک دل کی دن دونی رات چوگنی ہوتی چلی گئی اور سوچ بچار کے مٹائے نہ مٹ سکی۔ ہر فکر کا غواص جو عقل کے سمندر میں غوطہ لگاتا تو بجائے درِ تسلی بیسیوں تفکرات اور ساتھ لے آتا۔

جب کہ تجھ بن نہیں کوئی موجود — پھر یہ ہنگامہ اے خدا کیا ہے
سبزہ و گل کہاں سے آئے ہیں — ابر کیا چیز ہے۔ ہوا کیا ہے
یہ پری چہرہ لوگ کیسے ہیں — غمزۂ و عشوہ و ادا کیا ہے
شکنِ زلفِ عنبریں کیوں ہے۔ — نگہِ چشمِ سرمہ سا کیا ہے

عالم ہیں اندھیر

ادھر طبیعت جو اتنی اونچی پرواز کر رہی تھی جب ذرا نچلے عالم پر کہیں نگاہ ڈالتی تو دنیا اسے ایک ایسے راجا کی پرجا دکھائی دیتی، جسے رعیت کی خوشحالی اور خلق کی فارغ البالی سے کچھ سروکار ہی نہیں ہوتا، کوئی لڑے، بھڑے، جیئے، مرے کسی کی بلا سے ہر طرف ریاکاری کا بازار گرم نظر آتا، اور بدکاری کی احساس رذالت پر الٹے اکڑتے کی تو ہر طرف بے چینی بربریت، بھلے پرش کی کوئی پرسش نہیں۔ جو ایک کو شر سے کام ہے تو دوسرا کوئی فتنہ پر تلا ہے۔ کوئی فساد پر آمادہ، کوئی گداگر بھوک سے لاچار ایک نوالہ روٹی کے لئے جان سے لاچار ہوا چلا رہا ہے۔ زرداروں میں تو کسی کو اس کا درد نہیں۔ جو کوئی مکار ریاکار مفلس کا مال چھین دنیا کی دولت لوٹ اپنے انبار پہ انبار بھرتا چلا جا رہا ہے۔ تو کسی حاکم کو اس کی فکر نہیں۔ یہ خیالات ایسے

دامن گیر ہوئے کہ آپ کی طبیعت بار بار یہی حجت پیدا کرتی کہ کون ہے فرمانروائے عالم اور کہاں ہے اس جگت کا پرت پالن؟ یہاں راج ہے تو کام کرودھ کا۔ یہاں ڈنکا بجے ہے تو لوبھ موہ ہنکار کا۔ یہ کیا رچنا رچی ہے!۔ آخر اور یہ کیا کھیل ہے کرتار کا!

این چہ شوریست کہ در دَور قمر می بینم
ہمہ آفاق پُر از فتنہ و شر می بینم

اسپِ تازی شدہ مجروح بزیر پالان
طوق زرّیں ہمہ در گردنِ خر می بینم

ہیچ شفقت نہ برادر بہ برادر دارد
ہیچ مہرے نہ پدر را بہ پسر می بینم

دخترِ ان راہمہ جنگ است وجدل باماور
پسران راہمہ بدخواہِ پدر می بینم

حصہ دوم

باب ۳

نزولِ وحی

آخر ان سوالات کے جوابات کا وقت بھی آ پہنچا، اب ہر ساعت من کے گیان میں کٹنے لگی۔ ہر گھڑی معرفت کے دھیان میں گذرنے لگی! غرض ذات سے ذات ۔ اور حق کے نور سے اندر نور ہو گئی سو

ہوئے محوِ عالم سے آثار ظلمت | کہ طالع ہوا ماہِ برجِ سعادت
نہ چھٹکی مگر چاندنی ایک مدت | کہ تھا ابر میں ماہتابِ رسالت

یہ چالیسویں سال لطفِ خدا سے
کیا چاند نے کھیت غارِ حرا سے

ایک دن آپ غار حرا میں بیٹھے سوچ میں محو تھے، کہ ناگاہ ایک آواز غیب سے آئی کہ "اے محمدؐ پڑھ" آپ نے جونہی آواز سنی گھبرا اٹھے کہ یہاں نہ آدمی نہ آدم زاد، یہ کیا ماجرا ہے۔ مدتوں میں یہاں آتا رہا، ایسا واقعہ کبھی پہلے پیش نہیں آیا۔ آپؐ ابھی اسی خیال میں تھے کہ دوبارہ ندا آئی، کہ "اے محمد پڑھ" اس پر آپ نے کہا کہ میں کیسے پڑھوں، میں امی ہوں، مجھے پڑھنا نہیں آتا۔"

اتنے میں پھر آواز آئی کہ :-

پڑھ اپنے پروردگار کے نام سے جو خالق ہے جس نے مجھے ہوئے

خون سے انسان جیسی پرحکمت مخلوق پیدا کی۔ پڑھ اپنے
پروردگار کے نام سے جو بہت کرم کرنے والا ہے جس نے قلم
کے ذریعہ علم سکھایا۔ انسان کو وہ کچھ سکھایا جو وہ نہیں جانتا تھا

ستارۂ بدرخشید و ماہِ مجلس شد   دلِ رمیدۂ ما را انیس و مونس شد
نگارِ من کہ بہ مکتب نرفت و خط ننوشت   بغمزہ مسئلہ آموزِ صد مدرس شد

نزولِ آیت ہونا ہی تھا کہ آپ کی طبیعت پر حیرت سی چھا گئی۔ آپ نے غار سے نکل کر فوراً گھر کی راہ لی۔ اور آپ بیتی اپنی جیون ساتھی کو آ سنائی۔

اُتر کر حرا سے سوئے قوم آیا   اور اک نسخۂ کیمیا ساتھ لایا

خدیجہ مسلمہ اول

خدیجہؓ ایک مدت سے دیکھ رہی تھی کہ میرا شوہر شاہوں کی شوکت اور فرشتوں کی خصلت رکھتا ہے۔ نہ اسے کوئی اور انسان آپ کے پایہ کا عرب میں نظر آتا تھا، نہ اُسے کوئی اور انسان اس خوبی کا بشر کہیں قریب و جوار میں۔ جونہی کہ اس نے غار کا واقعہ سنا، فوراً ہی بات کو پا گئی اور کہنے لگی۔

> کہ اے میرے سر کے تاج، تجھے تاجِ سروری عالم مبارک ہو، فی الحقیقت یہ وحی ہے، جو تجھ پر نازل ہوئی ہے۔ یہ پیغامِ الٰہی جبریل تیرے لئے لایا ہے، تو رسولِ خدا ہے تو نبی اللہ ہے اور میں تجھ پر ایمان لاتی ہوں۔

سبحان اللہ! وہ خدیجہ جس نے آپ پر اپنا زر و مال قربان کیا وہ خدیجہ جس نے آپ کی صداقت و راستبازی سے متاثر ہو کر اپنا دل آپ کو

نذرانے میں دیا۔ وہی خدیجہ آج اپنے باپ دادا کا دین بھی آپ پر نچھاور کئے جا رہی ہے۔ رفیق سے رفاقت ہو تو اس طرح کی، اور دوست سے دلی صداقت ہو تو اس نوع کی۔ بھلا ایسے بے نظیر بشر سے بڑھ کر کون اس لائق تھا جو مسلم اول کا منصب پائے، چنانچہ خدائے برحق نے حق والے کو اس کا حق دیا، اور حضرت خدیجہ کو مسلم اول کہا ابھی تھوڑا ہی وقت گذرنے پایا تھا کہ حضرت خدیجہ کے چچا زاد بھائی ورقہ بھی ایمان لے آئے اور آپ کے چچا زاد بھائی علی اور زید (ربانی یافتہ غلام) بھی ایمان لائے گھر کے ان آدمیوں کے ساتھ ہی ابوبکر جو مکہ کے بہت عالی نظر آدمی اور آپ کے عزیز دوست تھے اسلام سے مشرف ہو گئے۔ یہ سب آپ کے ساتھ ویرانوں میں جاتے اور خلوت میں رحمان نام کا سمرن کیا کرتے کچھ وقت تو اسی طرح گذرا اور چند ایک اشخاص اور بھی ساتھ شامل ہو گئے، مگر تین برس کے عرصہ میں صرف تیرہ افراد ایسے نکلے، جن کی آنکھ کھلی، اور جن کی نگاہ نور حق پر پڑی۔

اعلان نبوت

آنحضرت صلعم نے جب دیکھا۔ کہ اب وقت آگیا ہے کہ اس کام کو برملا کیا جائے۔ اور پیغام حق ڈنکے کی چوٹ پر سنایا جائے، تب آپ نے یہ تجویز کی کہ چالیس اشخاص کنبہ کے اکٹھے کئے اور ان کو دعوت کے لئے بلایا۔ اور اثنائے گفتگو میں اُن سے اپنی نبوت کا ذکر بھی کرنا چاہا۔ مگر کسی نے توجہ نہ کی، نہ کسی نے رغبت ہی ظاہر کی بلکہ بعض بیہودوں نے تو اس معاملہ کو ہی محض بیہودہ جانا۔ اسی محفل میں علی بھی موجود تھے اُن سے نہ رہا گیا وہ بول اٹھے اور کہنے لگے۔ یا نبی اللہ

اگرچہ سب سے خورد سال اس جماعت میں میں ہی ہوں ، اور مجھے بولنا بھی نہیں آتا ، مگر میں یہ کہے بغیر بھی نہیں رہ سکتا کہ میں آپ کی منزلت خوب سمجھتا ہوں ، اور آپ کے کلام کی وقعت بہت اچھی طرح پہچانتا ہوں، میں ہر طرح جیسا آپ کا ارشاد ہوگا ، اس کے مطابق آپ کی خدمت بسروچشم کرنے کو تیار ہوں سب کو ایک ادھیڑ عمر کے ان پڑھ (محمدؐ) اور ایک سولہ برس کے لڑکے (علی) کا یہ فیصلہ کر لینا کہ وہ دونوں مل کر تمام دنیا کے خیالات کے خلاف کوشش کریں گے۔ ایک مضحکہ کی بات معلوم ہوئی اور لوگ قہقہہ لگا کر منتشر ہو گئے، مگر ان ہنسی کرنے والوں کو یہ کہاں علم تھا کہ وہ وقت بھی آنے والا ہے، جب ان ہنسنے والوں کی حماقت پر خود ایک آدھ آدمی نہیں بلکہ ایک زمانہ ہنسے گا۔

باب ۴

اعلانِ نبوّت

مشرکوں کی دھمکی

جوں جوں توحید کا اعلان آنحضرت کرتے تھے اور اپنی نبوت کا اظہار کرتے تھے اتنی ہی مخالفت بڑھتی جاتی تھی یہ لوگ خدائے اسلام سنتے ہی آگ بگولہ ہو جاتے۔ اور جب بتوں کے خلاف کوئی کلمہ سن پاتے تو پھر تو اپنے آپ سے باہر ہو جاتے ایک دن چند ایک سرکردہ لوگوں نے مل کر آنحضرت کے چچا سے جا کے شکایت کی، بلکہ طیش میں آ کے لعن طعن کی بوچھاڑ آپ پر باندھ دی۔ بزرگ ابو طالب سے یہ لوگ کہنے لگے کہ تیرا مجنوں برادر زادہ اب کہتا پھرتا ہے، کہ میں خدا کا پیغام لایا ہوں اور میں اس کا پیغمبر ہوں کون ہے اس کا خدا اور کہاں کہ یہ میں پیغام اس کے دماغ میں کچھ خلل معلوم ہوتا ہے۔ ہمارے بتوں کے خلاف جن کی پوجا و پرستش ہم سب اور خود اس کے آبا و اجداد آج تک کرتے چلے آئے ہیں۔ یہ شخص زبان درازی کرتا ہے۔ اور ان مورتیوں کو برا بھلا کہتا ہے، ہم بھلا یہ کب گوارا کر سکتے ہیں، ہم تو صرف تمہاری خاطر اب تک چپ رہے ہیں۔ اگر ہم کو تمہارا پاس خاطر نہ ہوتا۔ تو ہم نے کبھی کا اسے ٹھنڈا کر دیا ہوتا۔ اور ایسا سبق سکھایا ہوتا کہ آئندہ اس نے ایسی حرکت کرنے کی جرأت نہ کی ہوتی اگر تم اس کو ان حرکات سے روک سکتے ہو۔ تو روکو، یہ درست ہے ورنہ ہم اس کا منہ تلم

کر دیں گے۔ اگر تم اس کا اور اپنا بھلا چاہتے ہو، تو اُس کے منہ کو بند کرو اور اس کی زبان کو قفل لگاؤ۔

بزرگ کی رسالت پر گفتگو بزرگ نے آپ کو بہت کچھ کہا سنا، اور سمجھایا بجھایا۔ کہ بیٹا۔ آخر کل تیرہ تو آدمی ہیں تمہاری جماعت کے اور ان کے حوصلہ پر تم نے عرب کے لوگوں سے مخالفت کی کمر باندھ لی ہے۔ اس پونجی پر یہ دعوئی اور اس بے سرو سامانی پر اتنا بیڑا۔ یہ تمہارا خیال خام ہے۔ اسے دور کرو۔ اور اس خبط کو سر سے نکال ڈالو۔ اپنی جان کی سلامتی مانگو۔ اور مجھے بھی دو۔ دن آرام سے دو، میں نے تم سے کہیں زیادہ دنیا دیکھی ہے۔ اور عرب والوں کے خصائل سے زیادہ واقف ہوں۔ یہ بات اگر بڑھ گئی تو میری تمہاری ہر دو کی خیر نہیں، عرب کے لوگ ہمیں جیتا جی نہیں چھوڑیں گے بیٹا تم کو واسطہ ہے اسی خدا کا، جس پر تم کو اتنا بھروسہ ہے۔ کہ اپنی جان کی خیر مناؤ۔ اور ان لوگوں سے جھگڑا نہ پیدا کرو۔

آنحضرت نے جب ادھر اپنے چچا کی یہ کیفیت سنی۔ اور اُدھر لوگوں کی وہ سر توڑ مخالفت دیکھی تو خیال تو یہ تھا۔ کہ آپ کا ارادہ سست پڑ جاتا۔ اور حوصلہ پست۔ مگر عرب کا ہونہار فرمانروا اور دین اسلام کا علم بردار یہ گفتگو سن کر ایسے جوش میں آیا۔ کہ اس کی آنکھیں ڈبڈبا گئیں۔ اور بزرگ سے مخاطب ہو کر یوں کہنے لگا۔

آنحضرتؐ کا جواب اے میرے چچا۔ آپ نے مجھے پالا پوسا اور میری پرورش کی ہر طرح سے نگہبانی اور نگرانی کی، اس لیے ہر بات میں آپ کی رضامندی میرے لیے سعادت مندی ہے اور آپ کی خوشنودی

تیری بہبودی، مگر اے بزرگوار میں دین کے عوض دنیا کا خریدار بننا نہیں چاہتا۔ اور اسلام ترک کر کے اپنی جان بچانا نہیں چاہتا۔ اگر آسمان سے آفتاب اور مہتاب اُتر کر میرے دائیں اور بائیں آجائیں جب بھی میں یہ ارادہ ترک نہیں کر سکتا۔ آپ مجھے چھوڑ جائیں، یہ تیرہ افراد بھی مجھ سے منہ موڑ جائیں خلقِ خدا مجھ سے تعلق نہ رکھے مگر میں اپنے خدا سے تعلق نہیں چھوڑوں گا۔ مجھے بھوک پیاس کا مقابلہ کرنا پڑے، دنیا کی تمام ذلت و اذیت اٹھانی پڑے، ہر دکھ اور درد سے واسطہ پڑے۔ مجھے موت کے منہ میں بھی اگر جانا پڑ جائے۔ تو بخوشی جاؤں گا مگر اپنے خدائے برحق کے حکم سے منہ نہیں موڑوں گا مجھے اس حاکم کا حکم ہے کہ میں توحید پھیلاؤں اور حقیقت کو بتوں کے پنجہ سے چھڑاؤں۔ اس کے پیغام کا اعلان مجھ پر عین فرض ہے۔ کیوں کہ میں اس کا پیغامبر ہوں۔ جب تک میرے دم میں دم ہے، حق کی یاد میرے دل میں رہیگی، اور اس کا نام میری زبان پر۔ کوئی بشر اسے ہٹا نہیں سکتا ہے۔ اور کوئی انسان اسے مٹا نہیں سکتا اس بارے میں آپکی سب کوشش لاحاصل ہے، اور تمام سعی بے سود ہے، میرا اور آپ کا اصولی اختلاف ہے اور یہ اتفاق ہو ہی نہیں سکتا۔

بزرگ نے جب یہ سنا، تو پانی پانی ہو گیا، بے ساختہ کہنے لگا۔ کہ بیٹا میں نے آٹھ سال کی عمر سے تجھے پالا ہے، اب تو چالیس برس کا ہے، اب تک ہماری اچھی نبھ گئی، اب تیرا تھوڑا وقت باقی ہے۔ یہ بھی جوں توں کر کے گذر جائے گا ...

بیشک ہماری رائے ایک دوسرے سے جدا ہے، مگر ہم خود تو ایک دوسرے سے جدا نہیں ہو سکتے۔ اور نہ ہوں گے۔ مجھے یہ بھلا معلوم ہوتا ہے تو کر اور جو تیرے خدا نے کہا ہے تو کہہ۔ میں تیرے ساتھ ہوں اور ساتھ رہوں گا۔ جو تیرا دشمن ہوگا، وہ میرا کہاں بھی ہو سکتا ہے۔

کفار کی منصوبہ بازی

مشرکین کہ جب اس چال میں کامیاب نہ ہوئے، تو انھوں نے سوچا، کہ یہ وار تو ہمارا خالی گیا۔ اب کوئی اور داؤ چلائیں۔ اور نیا پیچ لڑائیں، صلاح مشورہ کرتے رہے۔ آخر تجویز یہ ٹھہری کہ زر کے زور سے اسے قابو میں کیا جائے۔ رشوت کا دام پھیلایا جائے اور کسی حیلے حجت سے محمدؐ کو اس میں پھنسایا جائے، چنانچہ ایک شخص کو تعینات کیا گیا۔ جو آپ کے پاس جائے اور آپ کو سمجھائے اور یہ کہے کہ تم کعبہ کے بتوں اور ہمارے معبودوں کے خلاف سخت کلمات استعمال نہ کیا کرو اور نہ خدا ہستی کا چرچا کیا کرو۔ اگر تم اس بات کو مان جاؤ۔ تو ہم اس کے عوض میں جو منصب تم چاہتے ہو، تمہیں اس پر سرفراز کر دیں گے۔ مگر ہم چاہتے یہ ہیں کہ تم زبان درازی بند کرو۔ اور ہر وقت یہ خدا خدا نہ کیا کرو۔

قاصد یہ پیغام مشرکین کا لے کر آپ کے پاس آیا۔ اور سب معاملہ بالتفصیل آپ کو کہہ سنایا۔ آنحضرتؐ نے جواب میں فرمایا۔

میں پیغمبر خدا ہوں۔ اور اس کا پیغام دنیا کے لئے لایا ہوں۔ مجھ پر لازم ہے کہ میں تم کو اللہ کی عبادت کا راستہ بتاؤں۔ تم سے رام نام جپاؤں اور مندر کی مورتیوں کی پوجن چھڑاؤں۔ نہ تمہارے مال کی طمع مجھے اس کام سے ہٹا سکتی ہے

نہ تمہارے منصب کا لالچ میرے دل سے یہ خیال مٹا سکتا ہے۔ اے بھولے بھٹکے لوگو! کیا تم مجھے آمنہ ہمت کا ہیٹا اور حوصلہ کا پست جانتے ہو، جب تک دم میں دم ہے اللہ کے نام کا ڈنکا بجاؤں گا، اور توحید کا پرچار کروں گا بتوں کی پوجا تمہارا ایمان ہے۔ اور رام کا نام تمہارے لئے کفر مجھے یہ کفر تمہارے ایمان سے افضل ہے، اور سدا رہے گا۔

من لذتِ دردِ تو بہ درماں نفروشم	کفرِ سرِ زلفِ تو بہ ایماں نفروشم
صد جاں بستانم کہ دہد دامنت از دست	دشوار بدست آمدہ آساں نفروشم
در دل نہ خیالِ گلِ روئے تو خلیده	خارے کہ بصد گلشنِ رضواں نفروشم
کامِ دو جہاں در عوضِ غم نہ ستانم	ایں جنس گرامی بکس ارزاں نفروشم

قاصد یہ جواب سن کر اپنا سا منہ لے کر واپس ہو آیا۔ اور آ کے سب حال احوال انہیں سنایا، کہ بھائی، وہ محمدؐ تو تمہاری ایک نہیں مانتا، لات مارتا ہے تمہاری دولت پر اور لعنت بھیجتا ہے تمہاری منزلت پر، کوئی دولت خدائی ہے اسے ایسی ہاتھ لگی ہے، کہ نہ اُسے پرواہ ہے۔ تمہاری جاہ کی، نہ اُسے فکر ہے تمہاری حشمت کی اب جو تم سے بن سکتا ہے بنا لو، وہ خدا کو نہیں چھوڑنے کا، چاہے تم اس سے ساری دنیا چھوڑا لو۔

یہ واقعہ سن کر مشرکین بڑے طیش میں آ کے اور آگ بگولہ ہو گئے۔ قبیلہ قبیلہ کے آدمیوں کو بلوایا۔ کہ مل کر باہمی کوئی ایسی تجویز ٹھیرائی جائے جس سے ہمارا چھٹکارا محمدؐ کے ہاتھوں ہو جائے۔

آنحضرتؐ کے قتل کا منصوبہ

یہ شخص بڑا قادر الکلام ہے۔ بات کرتا ہے، اور

آدمی کو موہ لیتا ہے، سوال اس ڈھب پر لاتا ہے کہ انسان لاجواب ہو جاتا ہے، مگر اس کے سر پر کوئی جن بھوت ضرور سوار ہے اور یہ اس مرض سے لاچار ہے کوئی کاہن یا [illegible]ی بلاؤ اور اس کا علاج کراؤ اس کے دماغ میں ضرور خلل ہے کیونکہ بت ہماری پوجن ہے۔ اور یہ بتوں کی نندیا کرتا ہے اور ہر وقت خدا خدا کرتا رہتا ہے۔ اسی نوع اور ڈھنگ کی تدبیریں پیش ہوتی رہیں اور ہر ایک اپنی اپنی بساط کے مطابق اپنی جہالت و حماقت کا نمونہ دکھلاتا رہا، آخر ایک شخص جو نسبتاً ذرا عقل کا زیادہ ہی دھنی تھا۔ رہ نہ سکا، اور جھنجھلا کے کہنے لگا کہ ہمارا اس طرح اس شخص سے چھٹکارا نہیں ہوگا، جب تک یہ زندہ ہے ہمیں زندہ درگور کئے رکھے گا۔ جو میری سنو، تو کوئی نہ کوئی حیلہ حجت سامنے رکھو اور اس کا قلع قمع کردو، یہ دردِ سر دور ہو جائے اور روز روز کا جھگڑا ختم ہو جائے تم یہ کیا لمبی لمبی تجویزیں روز گھڑتے رہتے ہو۔ اور یہ بہار داستان کھول دیا کرتے ہو۔ بھلا تمہاری ان باتوں سے اس کو باز آجانا ہے، وہ بڑا جادوگر ہے۔ تم نے اُسے سمجھ ہی کیا رکھا ہے۔ اس " دور اندیشی کی سب نے داد دی اور اس کی عقلمندی کی پرواہ واہ کی۔

بریں عقل و دانش بباید گریست

سب نے باتفاق اس رائے کو پسند کیا اور ارادہ پختہ کر لیا پھر کیا تھا آخر بد اعمالوں نے حرکات ناشایستہ پر کمر باندھی بڑھتے بڑھتے نوبت بایں جا رسید، کہ جہاں سے آنحضرت صلعم کو رات کو گذرنا ہوتا، وہاں یہ بدکردار جا کر راستہ میں کانٹے اور خاردار جھاڑیاں بچھا آتے، جہاں کہیں آپ کو وعظ کے لئے جانا ہوتا

یہ پہلے ہی پہنچ جاتے، اور لوگوں کو بہکاتے، اور اس قدر شور و شر مچاتے کہ حاضرین کچھ سن نہ سکتے اور آپ تنگ ہو کے واپس چلے آتے، جہاں دیکھا کہ آپ نے کھانے کو کچھ چیز سامنے لاکے رکھی ہے۔ فوراً ہی آ گئے، اور کوڑا کرکٹ بلا بتر۔ جو بھی اس وقت ہاتھ چڑھا۔ اٹھایا۔ اور پھر دے مارا اور غلاظت سے کھانا بیکار کر دیا۔ جہاں کہیں بر سر راہ یہ باطن آنحضرت کو مل جاتے تو اس طرح بے تحاشہ اینٹ پتھر ڈھیلے آپ پر چلاتے۔ کہ بعض اوقات آپ کے ٹخنوں ٹانگوں سے خون بہہ نکلتا۔ الغرض کوئی اذیت نہ تھی۔ جو مشرکان نے سامنے نہ لا دکھائی ہو غیروں سے تو بھلا کوئی کیا گلہ کرے خویش و اقارب بھی دشمن جاں ہو گئے۔ ایک ایسی ہوائے تند خونی چلی کہ جہاں کہیں بھی کسی نے آپ کو اکیلا دوکیلا پایا۔ پکڑا کھینچا مارا گھسیٹا۔ اور کسی نہ کسی نوع کا دکھ دیئے بغیر نہ چھوڑا۔

ایک دن ایسا واقعہ پیش آیا کہ اگر خوش قسمتی سے ابوبکرؓ وہاں نہ پہنچ جاتے اور پنجہ سے نہ چھوڑاتے تو انہوں نے کھینچ کھینچ کر اور زمین پر گھسیٹ گھسیٹ کر جان ہی سے مار ڈالا ہوتا۔ آپ کی جان بخشی تو ابوبکرؓ نے خدا خدا کر کے کرائی مگر ان کی اپنی جان ظالموں کے پنجہ میں ایسی آپھنسی کہ بڑی مشکل سے ہی انہوں نے خود رہائی پائی۔ آپ کی جماعت میں یک جان نثار بنام عمارؓ تھا ایک دن ان بد طینتوں نے اُسے اور اس کے لڑکے کو پکڑ لیا اور زمین پہ گرم گرم ریت بچھا کے ان دونوں کو اوپر لٹا دیا، اور پتھر کی سلیں ان کی چھاتی پہ رکھ دیں اور ان سے یہ مطالبہ کیا کہ تم محمدؐ کو فحش گالیاں دو، ورنہ تم یہیں ان پتھروں کے نیچے دب کے مر جاؤ گے۔ عمار کی بیوی نے جب شوہر اور پسر ہر دو کو اجل کے

منہ میں شکار ہوتے ہوئے دیکھا، تو چلا اٹھی، زار زار رونے لگی۔ اور ان ظالموں کو بددعا دینے لگی، اِس جرم کی پاداش میں اس کو بھی پکڑ لیا گیا۔ اس کے کپڑے چیر پھاڑ کے پھینک دیئے، اُسے تن برہنہ کر دیا۔ اور بکھر گیا کچھ اس کے ساتھ نہ گیا۔ وہ بیگناہ بچاری مصیبت کی ماری محمد صلعم کے دین پر واری وہیں جاں بحق ہو گئی۔

عشق است کہ بر آتش سوزاں بہ نشاند عشق است کہ بر خاک مذلت غلطاند
کس بہر کسے سر ندہد جاں نگدازد عشق است کہ ایں کار بصد صدق کناند

باب ۵

عہد نامہ عدم تعلق

بنی ہاشم کے قبیلہ کے لوگ جن میں سے کہ آپ خود بھی تھے۔ آپ کو بڑی عزت کی نگاہ سے دیکھتے تھے۔ اگرچہ صرف چند ہی شخص ان میں سے تھے۔ جنہوں نے اس وقت تک اسلام قبول کیا تھا۔ مگر وہ یہ برداشت نہ کر سکے تھے کہ دوسرے قبیلہ کے لوگ اُن کے قبیلہ کے ایک شخص کو تیز نگاہ سے دیکھیں، یہ تقاضا بھائی بندی کا تھا۔ اور حمیت خاندانی اس پر مجبور کرتی تھی۔ نتیجہ یہ ہوا کہ جھگڑا بجائے شخصی کے اب خاندانی ہو گیا۔ قریش نے اب اعلانیہ مخالفت پر کمر باندھ لی۔ اور قسم کھائی، بلکہ ایک اقرار نامہ بنایا کہ جب تک بنی ہاشم کے لوگ محمدؐ کو ہمارے حوالہ بغرض قتل نہ کر دیں گے، تب تک ان سے قطع تعلق رہے گا۔ باہمی قول و اقرار کروائے کہ نہ کوئی ان کے ساتھ کھائے پیئے۔ نہ رشتہ ناطہ کرے۔ نہ ان کے ساتھ کاروبار کرے۔ اور نہ ان کے ساتھ کوئی خرید و فروخت کرے جو خلاف ورزی ان شرائط کی کرے گا اُسے ذات برادری سے خارج کر دیا جائیگا اس عہد نامہ پر سرکردہ اشخاص کے دستخط ثبت کرائے گئے۔ اصل کاغذ خانہ کعبہ میں آویزاں کیا گیا۔ اور نقل اس کی ابوجہل کی خالہ کی تفویض میں رکھی گئی۔ تاکہ اس جدید حرکت کو بھی اُسی جاہل کے خاندان سے ہی نسبت رہے، شعب کی یہ شر... مدتوں چلتی رہی۔ اور اس سے کیا کیا اذیت، بچارے مسلمانوں

نے نہ سہی اور تو اور رہا، چاہ چشموں سے اس کے لئے پانی لینا مصیبت ہو گیا، الغرض شعب کی بستی میں قریش نے قحط ڈال دیا۔ اور ہر طرف سے ان ناکہ بند کر دیا، بعض رحم دل اشخاص جو بنی ہاشم کے بچوں کی بھوک پیاس سے لاچار دیکھتے اور شب کو ان کا بلبلانا پڑوس میں سنتے، تو ان کے کلیجے ابل اٹھتے آخر قریش کے چند اشخاص کو ان کی گئی گنوائی عقل نے پھر شکل آ دکھائی، تین سال کے بعد ایک بندۂ خدا نامی ہشام مردِ میدان بن کر سامنے آیا۔ اور اس نے ان سب کو خوب ڈانٹا۔ کہنے لگا۔ کیا یہی تمہاری انسانیت ہے۔ کہ یہ بچے تمہاری آنکھوں کے سامنے بھوکے مرا کریں، اور تم عیش و آرام سے رہا کرو آخر جرم ہی ان کا کیا ہے، اور کس تقصیر کے یہ لوگ مجرم ہوئے ہیں یہ کیفیت سن کر چند ایک اور آدمی بھی اس رائے کی تصدیق میں اس کے ساتھ شامل ہو گئے لاچار ایک دن بزرگ ابوطالب نے خود ان لوگوں سے کہا کہ بھائی "تم وہ کاغذ منگواؤ، جس پر یہ عہد نامہ لکھا گیا تھا۔ اور جس میں محمد کا اور اس کے خدا کا اور باقی سب کا چرچا رقم ہے میں سنتا ہوں کہ جو عہد نامہ تم لوگوں نے لکھا ہے اس کے کاغذ کو کیڑے لگ گئے ہیں۔ نام خدا کے سوائے اور کوئی حرف پڑھا نہیں جاتا، محمدؐ نے مجھ سے ایسا بیان کیا ہے، اس پرچہ کو طلب کرو۔ اگر یہ بیان سچ نکلے تو ہم لوگوں کو اس زحمت سے خلاصی دو اور اگر غلط نکلے تو محمد کو ہلاک کر دو" عہد نامہ منگوایا گیا اور دیکھا گیا تو آنحضرت صلعم کا کہنا صحیح پایا گیا، اس پر بہادر ہشام اور چار جوانمرد جو اس کے ہمخیال تھے، بول اٹھے۔ کہ یہ تمام کاغذ لچر تھا۔ اور یہ سب تحریر لغو تھی۔ ہم کوئی پابند اس تحریر کے نہیں ہیں کاغذ ٹکڑے ٹکڑے کر کے پھینک دیا، اور تین سال گذر جانے کے بعد ان لوگوں کو اپنی لغو تحریر کی لغویت سمجھ میں آئی، اور بے گناہ بے تقصیر مسلمانوں کے بچوں نے عذاب سے نجات پائی۔

باب ۴

ہجرتِ حبشہ

جب دکھ کے دن طول پر طول پکڑتے گئے اور درد کی راتوں کا خاتمہ دیکھنے دیکھتے آنکھیں ترس گئیں۔ تو رسول اللہ صلعم نے اپنی مٹھی بھر جماعت اسلام کو اکٹھا کیا اور یہ مشورہ دیا کہ تم یہاں سے ہجرت کر جاؤ۔ آپ نے ان سے مخاطب ہو کے کہا کہ :۔

اے دین الٰہی کے نگہبان اور شجر اسلام کے باغبانو۔ تمہارا اب یہاں ٹھہرنا نامناسب ہے۔ مشرکان کی تعدی حد سے بڑھ گئی ہے۔ اور ہر مسلم کی جان عذاب میں پھنس گئی ہے۔ اب مناسب طریق یہی ہے کہ تم مع عیال اطفال ان درشت لوگوں کی صحبت سے کنارہ اختیار کرو اور نجاشی بادشاہ حبشہ کی بادشاہی میں جا پناہ لو کہ وہ خدا ترس سنا جاتا ہے، اگرچہ میری طبیعت کو بڑا قلق ہے کہ مجھے تم سے علیحدگی اختیار کرنی پڑے گی۔ اور تم کو مجھ سے۔ مگر اے مسلمانو، تم کو علم رہے کہ ایک عالم کی امیدیں تم سے وابستہ ہیں اور ایک دنیا کی نظریں تم پہ لگی ہوئی ہیں۔ اس لئے اگر تم خلق خدا کا بھلا چاہتے ہو اور روز قیامت کو اپنی سرخروئی، تو یہاں سے نکلنے کی فکر کرو تاکہ یہ نونہال اسلام مکہ کی مشرک ہوا سے بچ جائے اور ان آندھیوں سے محفوظ رہ کر نشوونما پا جائے، اے مومنوں کمر ہمت باندھو اور چلنے کی تدبیر کرو مولا بھلا کرے گا۔

مسلم بچارے اسلام کے پیارے حکم نبی اللہ کا سننا تھا کہ فوراً تیار ہو گئے۔ ان غریبوں نے مسکن و مکان چھوڑا۔ گھر بار چھوڑا، باپ دادا کا وطن چھوڑا مگر رسول

اللہ صلعم کے حکم سے منہ نہ موڑا، جبر کا نعام ہے کہ آپ کی امت کے اس وقت آدمی بھی صرف یہی ہوں پچیس سے زیادہ بھی نہ ہوں اور ہوں بھی اس قدر جانثار کہ پل بھر میں سبھی کچھ چھوڑنے کو تیار ہو جائیں۔ آفریں ہے ایسے دلدادوں پر اور صد آفرین ایسے دلدار پر، ان بچاروں نے تھوڑا بہت زاد راہ ساتھ لے لیا۔ اور بال بچہ کو ہمراہ لے، اللہ کی آس اور رسول کے آسرے پر چل پڑے کہ شاید ہمیں وہاں کوئی دن آرام سے سانس لینا ملے اور چند دن زندگی کے ان کفاروں کے ظلم سے نجات ملے اس امید پر افتاں و خیزاں راستہ کی تکالیف اٹھاتے سفر کے دکھ جھیلتے شاہ حبش کی سلطنت میں آخر آ ہی پہنچے

مشرکان کا تعاقب

ان خوش نصیبوں کے بخت ان سے بھی زیادہ تیز تر نکلے، وہ ان سے قبل ہی آ نمودار ہوئے، مشرکین مکہ بھلا کہاں برداشت کر سکتے تھے کہ مسلم کوئی گھڑی سکھ کی گذاریں، ان کا آرام ہی تو ان کا درد تھا۔ مسلمانوں کے حبش میں وارد ہوتے ہی یہ بھی پہنچ گئے۔ یہ لوگ بہت سے تحفہ تحائف ساتھ لائے تھے۔ انھوں نے امیروں کو نذریں پیش کیں، اور انکو رشوت دیکر خوب پہلے ہی سے گانٹھ لیا تو جب یہ سب تانا بانا انھوں نے کر لیا تو کفار مکہ نے پھر بادشاہ حبش کے روبرو اپنی حاضری دے کر عرض پیش کی۔ کہ یہ مسلمان ہمارے غلام ہیں، اور مکہ سے بھاگ کے آئے ہیں۔ اس لئے ان کی گرفتاری کا حق ہمیں حاصل ہے۔ ہمیں شاہ کے دربار سے مدد ملے۔ تاکہ ہم ان کو واپس گھر لیجائیں۔ ساتھ ہی یہ بھی عرض داشت ہے کہ ان لوگوں نے اپنا ایک نیا مذہب گھڑا کر لیا ہے۔ اور خانہ کعبہ کے معبودوں یہ عوام کو برانگیختہ کرتے رہتے ہیں کہ کوئی

ان کا دھرم ہے نہ ایمان ہے، شر شرارت سے ہر وقت ان کو کام ہے۔ بادشاہ یہ نالش سن کر کہنے لگا۔ کہ خواہ کچھ بھی ہو۔ مذہبی اعتقاد ہو۔ جب وہ وہاں سے بھاگ کر آئے ہیں، اور میرے ملک میں پناہ کے لئے آئے ہیں تو میں ان کو تمہارے حوالے کس طرح کر دوں، جب تک کہ ان کے خلاف کوئی جرم عائد نہ ہو ضرور ان لوگوں پر ظلم، کوئی نہ کوئی سختی عائد کی گئی ہوگی۔ ورنہ اپنا گھر بار چھوڑ کر دیس سے پردیس کون آتا ہے۔ ایک تو یہ پہلے ہی مظلوم ہیں۔ اب تم چاہتے ہو کہ میں ان پر اور ظلم کروں کہ ان کو یہاں سے نکال دوں، اور تمہارے حوالہ کر دوں میں یہ نہیں کرنے کا، میں ان کو اپنے سامنے بلا لیتا ہوں اور ان کا جواب دعوے لیتا ہوں، دیکھوں تو وہ کیا کہتے ہیں ان کا عذر بھی تو سنوں۔

مسلمانوں کا بادشاہ کی خدمت میں حاضر ہونا

مسلمانوں کو جب حکم طلبی کا ملا تو بیچارے بڑے گھبرائے اور کہنے لگے کہ خدایا اب یہ نئی کیا آفت ہم پر نازل ہونے لگی۔ اگر ہم یہاں سے بھی نکالے گئے تو پھر جائینگے کہاں، یا اللہ کوئی جگہ آخر تیری خدائی میں ہے بھی ہمارے لئے، ہم در بدر خاک چھانتے پھرتے ہیں، اور ٹھکانا نہیں ملتا، یا اللہ ہم تیرے خطا کار بندے ہیں مگر اس وقت تو ہمارا گناہ یہی ہے کہ تیرے نام پر جان نثار ہیں تو اپنے نام کی لاج رکھ اور ہمیں پناہ دے، یہ ہمارے چھوٹے چھوٹے بال بچے اور یہ ہماری بے سروسامانی دیکھ ہم وطن سے بے وطن ہوئے گھر سے بے گھر۔ اب نہ اِدھر کے رہے نہ اُدھر کے ہوئے۔

پھر درویش، ابرجان درویش، آخر یہ غریب کر ہی کیا سکتے تھے چل پڑے

اور شاہ کے دربار میں حاضر ہوئے۔ جب دونوں فریق سامنے دربار میں پیش ہوئے تو کفارِ مکہ تو رسم و رواج کے مطابق بادشاہ کے سامنے سجدہ کرکے بڑے ادب اور قرینہ سے ایک طرف کھڑے ہو گئے۔ لیکن جب مسلمانوں کی باری آئی تو انھوں نے سلام تو کیا مگر سجدہ کو سر نہ جھکایا۔ یہ بات وزیروں کبیروں نے اخذ کر لی، اس معاملہ کو خوب رنگ آمیزی سے بڑھایا اور حاشیہ بہ حاشیہ چڑھایا۔ مسلمانوں سے مخاطب ہو کہنے لگے۔ کہ تم لوگ فی الواقع بڑے شوخ معلوم ہوتے ہو جب تم بادشاہ کے روبرو ایسی بیباکی اور گستاخی سے پیش آئے ہو، جب تم میں اتنی شوخی اور شرارت موجود ہے کہ شاہ جہاں پناہ کو تم نے سجدہ نہیں کیا جس سے تم پناہ چاہتے ہو۔ تو یہ کوئی تعجب کی بات نہیں ہے۔ کہ تم نے مکہ والوں کا قافیہ بھی تنگ کر رکھا ہو۔ تم پہلے اس نامعقول حرکت و شرارت کا جواب دو۔ اس طرح کی بہت باتیں بنا کر بادشاہ کو بھڑکانے کی کوشش درباریوں نے کی، مگر ان کی کچھ پیش نہ چل سکی۔ بادشاہ نے مسلمانوں سے دریافت اصل واقعہ کی شروع کی۔ اُن سے پوچھا کہ بتاؤ تمہارا جواب دعوے کیا ہے؟

مسلم گروہ کے سرگروہ جعفر (حضرت علی کے بھائی) تھے۔ وہ جواب کو آگے بڑھے، اور کہنے لگے۔ کہ اے بادشاہ سلامت امیروں نے جو سجدہ کا اعتراض ہم پر کیا ہے یہ درست نہیں گستاخی ہمارے نزدیک نہیں آئی، نہ بے ادبی ہماری نیت میں ہے۔ مگر ہمارا مذہب ہم کو یہ تعلیم دیتا ہے، کہ سجدہ کرنا لازم ہے صرف خدا کو اور سوائے خدا کے کوئی بندہ سزاوار سجدہ نہیں ہے۔ ہم کو یہ فرمان رسول اللہ صلعم کا ہے۔ اور ہم اس کے خلاف نہیں چل سکتے۔

یہ گفتگو سن کر نجاشی بادشاہ جو کہ خود عیسائی تھا، کہنے لگا، مسلمانوں تمہارا رسول خدا کون ہے۔ جس کا تم حوالہ دے رہے ہو، وہ کون شخص ہے، جس نے تمکو یہ تعلیم دی ہے۔ اور تم یہ بھی مجھے بتاؤ کہ تم مکہ سے بھاگ کر یہاں کیوں آئے، اور کیا واقعی تم ان لوگوں کے غلام ہو۔ یہ فرمان شہ کا سن کر جعفر پھر آگے بڑھے اور یوں عرض کی۔

جعفرؓ کی معجزہ بیانی

اے بادشاہ سلامت، ہم لوگ مسلمان کہلاتے ہیں. ہم امت نبی اللہ کی ہیں۔ جس کا نام محمد ہے اور جو رسول خدا ہے اس نے ہم پر بڑے کرم فرمائے ہیں۔ پہلے ہم مردار کھایا کرتے تھے۔ پتھر کے بت پوجتے تھے۔ لڑکیوں کو پیدا ہوتے ہی زندہ دفن کر دیا کرتے تھے، ہر وقت ہمیں جھوٹ سے کام تھا۔ اور فریب سے غرض، خدائے ایزد نے ہمارے لئے اب ابر رحمت بھیجا جس نے رحمت کی برکھا برسائی ہے

رہے اس سے محروم آبی نہ خاکی ہری ہوگئی ساری کھیتی خدا کی

اب ہمارا ایمان خدائے واحد پر ہے، بت پرستی کو ہم کفر سمجھتے ہیں، عورت ذات کی عزت کرتے ہیں۔ دنگہ فساد سے گریز کرتے ہیں یتیموں کے مال سے سخت پرہیز کرتے ہیں، اور تمام مولا مفلسوں کو زکوۃ دیتے ہیں۔ یہ تمام اللہ کی برکت ہم کو رسول صلعم کے فضل سے نصیب ہوئی ہے۔ اے حاکم وقت ایسے ہے ہمارا جرم جس کی پاداش میں ہم مکہ سے نکلے۔ اور یہی ہے ہماری تقصیر اے حبش کے حاکم ہم نے تیرا شہرہ سنا ہے۔ کہ تو ایک عادل بادشاہ ہے اور عاجزوں کی پناہ ہے تیرے در پہ ہم دور سے چل کے آئے ہیں۔ اور بڑی امیدیں باندھ کر

آئے ہیں۔ ہم بھی کیا یاد رکھیں گے۔ کہ تیری اس عظیم الشان سلطنت میں ایک دس بیس اُن ناتھنوں کے مسکن کے لئے دو چار جھونپڑیوں کی جگہ نہیں رہی۔

بترس از آہ مظلوماں کہ ہنگام دعا کردن   اجابت از درِ حق بہر استقبال می آید

مسلمانوں کے غم کی داستان اور اُن کے قبولِ اسلام کا تذکرہ سن کر بادشاہ کا دِل بھر آیا۔ اُن سے مخاطب ہو کہنے لگا۔

مسلمانو! تم پر اور تمہارے رسول پہ آفرین۔ میں گواہی دیتا ہوں۔ کہ محمدؐ وہی رسول ہے۔ جس کا ذکر میں نے انجیل میں پڑھا ہے۔ اور عیسیٰ ابن مریم نے جس کی بشارت انجیل میں وہی ہے۔" یہ اُسی نور کی شعاعیں ہیں جس کا جلوہ موسیٰ پر ہوا تھا۔"

ادھر مشرکین مکہ کی سفارت کو بادشاہ نے یہ حکم سنایا کہ میں ان مسلمانوں کو ہر گز تمہارے حوالہ نہیں کرونگا۔ کوئی جرم ان پر عائد نہیں ہوا تمہارا دعوے باطل ہے اور خارج ہے یہ مسلم لوگ جو میرے ملک میں پناہ گزیں ہونے کے لئے آئے ہیں۔ ان کو عام اجازت ہے۔ جہاں یہ چاہیں۔ آباد ہو جائیں۔ کوئی ممانعت ان کے لئے نہ ہوگی۔

باب ۵

مشرکین کی چالبازیاں

مشرکینِ مکہ نے جب آپ کو اب بالکل اکیلا پایا۔ تو اس وقت کو مفید جانا اور طرح طرح کی چالبازیوں پر آمادہ ہوگئے۔ ہر چند آپ نے حوصلہ و ہمت سے کام لیا۔ مگر مخالفت ہر جانب سے روز افزوں ہوتی ہی گئی۔ آخر آپ نے ارادہ کر لیا کہ اس جگہ کا قیام ترک کر دیا جائے اور اپنا ٹھکانا کہیں اور بنایا جائے

ہمصفیران چمن ہم سے چمن چھوٹے ہے
ہائے اے شام غریباں کہ وطن چھوٹے ہے

نبیؐ اللہ کا طائف جانا

پہلے آپ نے جانب شہر طائف رُخ کیا۔ کہ وہاں چلیں اور چل کر توحید کی تبلیغ کریں۔ دل میں سوچا کہ اس وقت مکہ کی پتھریلی زمین میں وحدانیت کی تخم ریزی رائیگاں ہے، یہاں اب ٹھیرنا بھی ناممکن ہوا جا رہا ہے، طائف کو چلیں۔ اُن لوگوں کو کلام الٰہی سنائیں اور جو دو چار دن مکہ سے باہر گذر جائیں گے۔ وہی غنیمت ہیں، ان ظالموں کے پنجہ سے کچھ تو نجات ملے گی، مگر مشرکین مکہ نے پہلے سے ہی طائف میں خبر پہنچا دی۔ کہ فلاں فلاں شخص آرہا ہے، تم خبردار رہنا اگر تم کو اپنی اور اپنے معبودوں کی کوئی عزت و توقیر منظور ہے تو اس شخص کو نزدیک نہ آنے دینا، اگر تم کو ہم سے باہمی اتفاق رکھنے کی غرض ہے۔ تو محمد کو داخل شہر نہ ہونے

دینا یہ شخص بڑا فصیح البیان ہے، اور سحر جادو ہے اسے ہر وقت کام ہے جو کوئی اسکی بات سن لیگا وہ اسی کا ہو رہے گا۔ خبردار رہنا اور پاس نہ آنے دینا یہ خبر کیا پہنچی کہ وہاں تو لڑائی کی تیاریاں شروع ہو گئیں، ہر کسی نے یہی سمجھا کہ یہ لوگ کوئی کن پر بلا لوٹ پڑی ہے۔ سب اکٹھے ہو گئے، اور لڑائی کے لئے ڈٹ گئے، ایک رسول خدا ایک طرف، اور تمام طائف دوسری طرف ایک کا علاج دو ہوتا ہے بھلا جہاں دو تو کیا، اکٹھے دو ہزار انسان اٹھ کھڑے ہوں، وہاں بھلا کوئی کیا کرے۔

یہ لوگ اونچے ٹیلوں پر چڑھ گئے۔ اور اینٹ پتھر، تیر کمان ساتھ لیکر مورچہ بنا کر بیٹھ گئے آنحضرت کے شہر میں داخل ہونے پر ان بدکاروں نے ایسی بارش برسائی اور طائف کے طفلوں سے ذلت کرائی۔ کہ آپ لہولہان ہو گئے۔ اور اسی حال میں پلٹے اور بمشکل تمام شہر کے باہر نکل ایک درخت کے نیچے بیٹ گئے۔

یہ سب کچھ ہوا مگر آپ کا خدا پر ایمان اور اپنی کامیابی پر یقین اور بھی بڑھتا جاتا تھا۔ آپ کا آزاد کردہ غلام آپ کی تلاش میں یہاں پہونچا۔ آپ کو اس حالت میں دیکھ کر اس کا دل خون ہو گیا۔ اس نے کہا آپ طائف والوں کے حق میں بددعا کیوں نہیں کرتے۔ تاکہ طائف کے درختوں اور باغوں پر پتھر برسیں اور یہ بستی برباد ہو جائے جس نے خدا کے سچے پیغمبر کو محض اس لئے دکھ پہنچایا ہے۔ کہ وہ ان کو گمراہی سے نکلنے کی تلقین کرتا ہے۔

زید کی یہ بات سن کر آپ مسکرائے اور جواب دیا کہ میں اس دنیا میں خدا کا قہر بن کر نازل نہیں ہوا۔ میں نور رحمت بنا کر بھیجا گیا ہوں۔ کیا ہوا، اگر یہ لوگ آج گمراہ ہیں۔ مجھے یقین ہے۔ انکی نسلیں ضرور خدا پر ایمان لے آئیں گی۔

یہ فرما کر آپ نے خدا سے دعا مانگی۔ اور پھر مکہ کی جانب جانے کا ارادہ کیا۔ آنحضرتؐ کو بخوبی علم تھا کہ مکہ جانا بھی اب کوئی سہل امر نہیں ہے بڑی بے عزتی کا سامنا ہے۔ دشمنوں کی نظروں میں بے حرمتی ہے تو قریبی علیحدہ اور واقف و آشناؤں کی طرف سے بے رخی وبے اعتنائی جدا۔ مگر آپ نے ٹھان لی، کہ اب جانا مکہ کو ہے چاہے کچھ بھی ہو۔ چلنا پریم نگر کو ہے، جانا دیار دلبر کو ہے خواہ کسی بلا سے بھی معاملہ پڑے۔

کفار مکہ بھی ادھر پھر مخالفت پر تل گئے۔ انھوں نے بھی ٹھان لی کہ جو کچھ بھی ہو اب محمد کو شہر میں داخل نہ ہونے دیا جائے۔ جب آپ طائف سے واپس آتے ہوئے مکہ کے قرب وجوار میں آپہنچے اور آپ کو مکہ والوں کے اس منصوبہ کا پتہ لگا تو آپ نے یہی مناسب خیال کیا کہ قبل اس کے شہر میں وارد ہو جائیں، ان لوگوں سے ایک معاملہ کیا جائے، ممکن ہے کہ اس سے یہ تنازعہ رفع دفع ہو جائے آپ نے ایک مسافر کے ہاتھ شہر والوں کو یہ کہلا بھیجا، کہ میں اس شہر کا باشندہ ہوں، اور باپ دادا سے یہ میرا مسکن ہے، میں اب عہد کرتا ہوں کہ کوئی نہ کوئی شریف آدمی مجھے اپنی ذمہ داری میں لے لیگا اور میرا ضامن ہو جائے گا۔ مصیبت میں بھلا کون کسی کا ساتھ دیتا ہے۔ مخالف تو در کنار رہے، خویش واقارب کا لہو بھی سفید ہو گیا۔ واقف آشنا سبھی منہ موڑ گئے، اور اپنے پرائے سبھی چھوڑ گئے۔

معطم کی پناہ

بھلے آدمی کی قلت تو دنیا میں ہر جگہ رہتی ہے، اور عرب میں تو قحط الرجال تھا، مگر اللہ کارساز ہے، ایک شخص معطم نام مرد میدان بن کر سامنے نکلا، اونٹنی پر چڑھ کر اس نے مکہ میں کوچہ بکوچہ منادی کرادی

کہ دیکھو لوگو سنو، محمدؐ بن عبد اللہ آج سے میری ذمّے داری میں آئے ہیں، خبردار کوئی اُنسے اب سے بُرا بھلا نہ کہے، میں اُس کا ضامن ہوں، یہ بھی کسی کو کچھ نہیں کہے گا، مذہب اس کا اپنا ہے، ہمارا دین اپنا، نہ اُسے ہمارے بُتوں سے کچھ تعلق ہے، نہ ہم کو اس کے خدا سے، مگر یہ سُن لو، جو شخص اس کو ناحق دُکھائے گا، وہ مُنہ کی کھائے گا اس ذمہ داری پر آنحضرت صلعم مکہ تو آگئے، مگر بدشعار اور بدکردار لوگ اب معلم کے درپے ہو گئے، اور بات بات میں آپ سے نوک جھوک کرنے لگے، آئے دن ایک نیا جھگڑا اور ہر روز ایک نیا فسانہ، ضامن غریب کا اُنہوں نے ناک میں دم کر دیا۔ رسولؐ کی رسالت بھلا یہ کب برداشت کرے، اور نبیؐ کی نبوت کہاں گوارا کرے کہ معلم سا ایک محسن ناکردنی الزام میں روز گردانا جائے، اور یہ سب کچھ ہوا کرے، آپؐ کی خاطر، آپؐ نے ایک دن صبح کو حرم نور کے تنز کے بر سر راہ کھڑے ہو بلند آواز سے کہنا شروع کر دیا کہ بھائی، دیکھو کوئی معلم سے میری خاطر آئندہ جھگڑا نہ کرے۔

معلم کا کچھ قصور نہیں ہے، جو بھی ہے میرا اپنا ہے میں اب اُس کی ذمہ داری سے نکل آیا ہوں، میں ہمیشہ اُس خدائے واحد کی پناہ میں ہوں، جس کے لئے تم میری جان کے دشمن بنے ہو، تم کو اب واضح رہے، کہ میں ہمیشہ صرف اُسی کے زیر سایہ ہوں، وہی میرا اور تمہارا پیدا کرنے والا ہے، اور وہی ہم سب کی جان لینے والا ہے، اور اپنا اپنا حساب کتاب دینا ہے، جب تک حکم ربی نہ ہوگا، تم میرا کچھ کر نہیں سکتے۔ جب تک مرضی مولا نہ ہوگی تم میرا بال تک

بیکا نہیں کر سکتے، اب ہم نے تم کو اچھی طرح آگاہ کر دیا ہے، مطلع رہو۔

اس دلیرانہ کلام اور جرائمندانہ گفتگو کا اثر بے مثل ہوا۔ لوگ دہشت کھا گئے، اور دب گئے۔ اکثر تو اُجڈ ان گھڑ تھے سمجھ بوجھ کچھ رکھتے نہ تھے، مگر بعض بعض اشخاص اب وقتاً فوقتاً اس سوچ میں بھی پڑ جاتے تھے، کہ محمدؐ کا خدا کیا شے ہے۔ جس کا اتنا بھروسہ اس شخص کو ہے، یہ لڑکا یتیم سا ہوا کرتا تھا، نہ اس کی کوئی پوچھ تھی نہ پرتیت، نہ اسے پڑھنا آتا تھا نہ لکھنا، اب یہ کیا سے کیا ہوا جا رہا ہے، آئے دن نئے مسئلہ نکال لیتا ہے، عالم فاضل بنتا چلا جاتا ہے، اب اس کی بات دیکھو کس وضع کی ہے، اور یہ گفتگو کس ڈھنگ کی کرتا ہے، آخر یہ کیا عجیب و غریب واقعہ ہے۔

یتیمے کہ ناکردہ قرآں درست
کتب خانہ ہفت ملت بشست

باب ۵

عمرؓ و حمزہؓ اور طفیلؓ

قتل کا دوسرا منصوبہ مسلمان اب حبش کو ہجرت کر گئے تھے۔ آنحضرتؐ پیچھے اکیلے تھے۔ کفار نے اس موقع کو غنیمت سمجھا اور اپنی کارستانیوں میں اور بھی اضافہ کرنے لگے۔ ایک دن یہ بد باطن لوگ جمع ہوئے اور ایک دوسرے سے کہنے لگے کہ لعنت ہے ہماری غیرت پر جہاں ہم ہے" ایک نے کہا "محمدؐ" (نعوذ باللہ) سیدھا نہ ہو سکا، وہاں ہمارا جینا موت سے بدتر ہے کیا ایک آدمی بھی ہم میں ایسا نہیں جو ہمارے معبودوں کو اس جادوگر کے پنجہ سے بچائے، کیا کوئی منچلا جوان بھی ایسا نہیں رہا ہے جو اس کے مقابلہ کو سامنے آئے، کیا کوئی جانباز عرب ایسا نہیں ہے، جو قوم کی خاطر اپنا خون بہائے، یہ جوشیلی تقریریں جب لوگوں نے سنیں، تو ان بے غیرتوں کی "غیرت" نے جوش مارا، ابوجہل نامی ایک اجہل اس مجلس میں شریک تھا، کہنے لگا کہ میں ایک سو اونٹ اور ایک ہزار سکہ چاندی اس شخص کو انعام میں دوں گا، جو اس محمدؐ کا سر کاٹ کر لا پیش کرے گا اس پہ ایک شخص تو عمر باسم گرامی عمر شجاعت کے جوش سے مور اور دلاوری کے نشہ میں چور گھٹنا ٹیک کر اٹھا اور للکارا کہ اے مکہ والو۔ سب میں

اب تمہارے روبرو منہ دکھاؤں گا، اگر مُدّ کا سر کاٹ کر لاؤں گا اب یا وہ نہیں یا نتن نہیں۔

قتل کے لئے حلف اُٹھانا یہ بات سُن کر وہ بے شعور لوگ بہت خوش وخرم ہوئے اور ایک دوسرے سے کہنے لگے۔

کہ اب محمد سے ہماری مخلصی ہوئی، عمرؓ بڑا سورما جوان ہے، محمدؐ اُس کے روبرو کیا جان ہے یہ ایک وار سے اُس کے دو ٹکڑے کر آئے گا، اور اپنا اور اپنی قوم کا نام قائم کرجائے گا، جاہل ابوجہل اپنے زر کے زعم میں اور عمرؓ اپنی نوعمری کے نشہ میں دونوں مرد میدان بن کر اس کام کو نکلے، قول وقرار تو بھری مجلس میں ہی ہوچکا تھا، اور آنحضرت صلعم کے سر کی قیمت ایک سو اونٹ اور ہزار سکہ مقرر ہوچکی تھی، اور شہرہ شجاعت علیحدہ، مگر مزید پختہ وعدے کے لئے یہ ہردو بشر کعبہ کے بتوں کے سامنے آ حاضر ہوئے، وہاں ابوجہل نے قسم کھائی، اور اپنی جہالت وشرارت کو اس طرح مزید پکا کیا، عمرؓ نے حرم سے نکلتے ہی تلوار نیام سے کھینچ لی، اور شمشیر الغرض کے نبی اللہ کے خون کی پیاس میں تشنہ لب آپ کے گھر کی طرف دوڑا،

بحر بہ عشق تو بار اکشندہ وغوغائیست تو نیز بر سر بام آکہ خوش تماشائیست

عمرؓ کا اپنی بہن کو قتل کرنے کا قصد اتفاقاً عمرؓ کو راستہ میں ایک دوست ملا، اور اُس سے یہ سارا حال ہوا،

کہ بھائی یہ کیا ماجرا ہے۔ تو چلا کہاں ہے، سچ بتا یہ کس کی جان پہ آبنی ہے، اور تونے کہاں کی ٹھانی ہے، عمرؓ نے اسے ابوجہل کی جہالت کی کل داستان

سُنائی اور ساتھ ہی اپنے ایک سو اونٹ اور ایک ہزار سکہ انعام کی بات بتائی، وہ سُن کر کہنے لگا۔ کہ یہ تو سب کچھ درست ہے اور سچا، مگر محمدؐ تو پھر بھی ایک غیر شخص ہے۔ اُس سے تو چار دن ٹھہر کر بھگت لینا، تو بات کر پہلے اپنے بہن بہنوئی کی جن کا اسلام تیرے خاندان کے نام پر دھبہ ہے، پہلے اپنے گھر والوں کا بندوبست تو کر، یہ ہر وقت محمدؐ کا کلمہ پڑھتے ہیں، اور خدا کا جپ کیا کرتے ہیں۔ اگر تم کو یہ کام کرنا ہی ہے تو کیوں نہیں پہلے ان دونوں کا کام تمام کرتا تمہارے اپنے کنبہ قبیلہ کی عزت بھی رہ جائے اور مسلمانوں کو بھی عبرت آجائے، عمرؓ نے جب یہ بات سُنی تو اُس کے تن بدن میں ایک نئی آگ بھڑک اُٹھی، اُنہیں قدموں لوٹا، اور سیدھا بہن کے گھر کا رُخ کیا، دوڑا آ گیا اور زور سے آگے دروازہ کھٹکھٹایا بہن اُس کی آواز پہچان گئی، اُس نے جھٹ سے خبابؓ کو جو اُس وقت سورۂ طٰہٰ پڑھ رہے تھے، اندر چھپا دیا۔ کیوں کہ وہ سمجھتی تھی کہ عمرؓ تند مزاج ہے، اور ہمارے ترک کفر کا بھی مخالف ہے ایسا نہ ہو کہ اسے قرآن پڑھتا یہاں دیکھ کر طیش میں آجائے اور خبابؓ مفت میں زیر عتاب آجائے ہم سے تو پھر بھی بوجہ بھائی بندی شاید درگزر کر جائے، مگر اس کو کلام اللہ پڑھتا دیکھ کر جیتا نہ چھوڑے گا، چنانچہ خبابؓ کو چھپا کے بہن نے آکر دروازہ کھولا، اور عمرؓ کی نظروں سے خون ٹپکتا جو دیکھا اور اُدھر نظر ننگی تلوار پر پڑی تو تاڑ گئی کہ اجل آ گئی۔ عمرؓ غصے میں بھرے ہوئے اندر آئے۔ اور بہنوئی سے پوچھا۔ تم کیا کہہ رہے تھے۔ انہوں نے کہا تمہیں کیا مطلب عمرؓ نے بہنوئی کو مارنا شروع کیا۔ بہن نے آگے بڑھ کر روکنا چاہا۔ عمرؓ نے بہن کو بھی زور سے طمانچے مارے

ہو کہا تم قوم میں فساد ڈالنا چاہتے ہو۔ بہن آنکھوں میں آنسو بھر کر بولی۔ بھائی یہاں جھگڑا یا جنگ وجدال کا سوال ہی نہیں ہے۔ تو میرا بھائی ہے۔ میں تیری بہن۔ جو بھائی کی شمشیر کو بہن کے سر سے غرض ہے، تو لے۔ یہ تیرے حوالہ ہے۔ یہ کہا اور سر جھکا دیا۔ اور جو تجھے میرا عذر سننے کی خواہش ہے۔ تو پل بھر تلوار کے کہنے نہ میل۔ اپنی عقل کی رہنمائی میں چل کر تو عقلمند ہے۔ تجھے چاہیئے کہ تو ذرا غور سے میرا عذر سماعت کرے اگر وہ قابل پذیرائی نہ ہوا۔ تو پھر جو تیرا دل چاہے کرنا۔

عمرؓ نے جب یہ بات بہن سے سنی تو ذرا جھک گیا، تلوار نیچے کر لی، اور کہا کہ پھر بتا جلدی تو کیا کہتی ہے، وہ کہنے لگی کہ آخر تو بہن کے آیا ہے۔ کسی دشمن کے پاس تو نہیں آیا، ذرا تامل کر، یہاں بیٹھ اور حوصلہ سے سب بات سن میری جان جاتی ہے تو جائے، مگر مجھے یہ افسوس تو نہ رہے کہ تم نے مجھ سے منصفی نہ کی، یہ سن کر عمرؓ کا غصہ ذرا اور بھی ٹھنڈا ہو گیا اور بیٹھ گیا۔

بھائی بہن کی گفتگو

بہن بولی کہ بھائی عمر، تقصیر تو میری یہی ہے کہ میں خدا اور اُس رسول پر کیوں ایمان لائی ہوں، میں نے بتوں سے کیوں منہ موڑا ہے، بھائی اگر یہی میرا جرم ہے تو مجھے اس کا اقبال ہے یہ درست ہے۔ میں نے ضرور ایسا کیا، اور کفر سے توبہ کی، بھائی جان، تو اگر اپنے تعصب کو ذرا دور کرے اور دل کے کانوں سے سُنے، تو میں تجھے ایک چھوٹی سی بات کہوں وہ یہ کہ اے جان خواہر اگر وہ کلام جس سے میں اتنی متاثر ہوئی ہوں کہ مجھ سے موت کا ڈر ہٹ گیا ہے، اگر تجھے سنایا جائے اور تیرے دل پر بھی ایسا ہی اثر پیدا کرے، جیسا کہ اُس نے مجھ پر کیا، تو پھر تو ہی بتا کہ تو۔

اپنے لئے کیا سزا تجویز کرے گا:

کیا پھر بھی تو میرے قتل کا خون ناحق اپنی گردن پر لے گا؟ میں خدا کے نام پر جان دینے کو تیار ہوں اور مجھے مطلقاً موت کا ڈر نہیں ہے۔ مگر تو بھی ذرا دل میں اتنا ضرور سوچ لے کہ خدا کے حضور میں اس گناہ کبیرہ کا تو کیا جواب دے گا۔ جس کا مرتکب تو آج لوگوں کے بھڑکانے سے ہوا جا رہا ہے۔ تجھے بھی خدا کو جان دینی ہے۔ آخر تیرا بھی حساب کتاب ایک دن ہونا ہے، تو اتنا غافل نہ ہو۔ اور ناحق ظلم روا نہ رکھ۔ اے میرے پرانوں سے پیارے بھائی اگر تو روز قیامت اپنی رہائی چاہتا ہے۔ تو خدا کے کلام کو سن۔ مانا کہ تو بڑا بہادر ہے اور رن بیر ہے۔ مگر میں مانوں تب اگر تو ایک مرتبہ کلام اللہ کو گوش ہوش سے سنے اور پھر بھی آمادہ بہ قتل رہے۔

اگر تجھے اس کے سننے میں کوئی تامل ہو رہا ہو۔ تو کم از کم اپنی پیاری بہن کی خاطر جس کی جان کے قصد میں تو شمشیر برہنہ لئے کھڑا ہے ذرا دو گھڑی اس کلام کو سن تو لے۔ اگر اور نہیں۔ تو اسے یہ تسکین تو ہو جائے گی کہ اس نے کلام اللہ اس شخص کو سنایا جو کلام اللہ پر ایمان لانے کے گناہ میں اس کی جان لینے آیا تھا۔

میرے پیارے عمرؓ بس میری یہی آرزو ہے۔ کہ تو میری حیات کی خاطر اور اپنی عاقبت کی خاطر کلام الٰہی سن اور دل میں کچھ خوف خدا پیدا کر د جس خدا نے تجھے انسان کے مرتبہ کو پہنچایا ہے۔

کفر آدمی اس کو نہ جانے گا۔ وہ ہو کیسا ہی صاحب فہم وذکا

جسے عیش میں یادِ خدا نہ رہی جسے طیش میں خوفِ خدا نہ رہا۔

عمرؓ نے جب یہ گفتگو سنی تو دنگ رہ گیا۔ اُس کے جسم و جان پر حیرت سی چھا گئی اور وہ سوچ بچار کے بھنور میں پھنس گیا۔ کہ آخر یہ ماجرا کیا ہے۔ اجل اس کے سامنے کھڑی ہے مگر اسے اندیشہ نہیں۔ میں اس کا قتل کرنے پند و نصیحت کے سبق دیئے جا رہی ہے۔ کبھی اللہ کا نام لیتی ہے۔ کبھی کلام اللہ کا ذکر کرتی ہے۔ وہ آخر ہے کیا۔ جس چیز نے اسے اتنا اطمینان قلب دے رکھا ہے۔ اور اتنا دلیر بنا دیا ہے۔ بھلا وہ ہے کیا، دیکھوں تو سہی۔

بہن سے کہنے لگا اچھا لاؤ۔ مجھے وہ سنا دو۔ جو تم سنانا چاہتی ہو بہن اندر گئی۔ اور خبابؓ کو وہاں سے باہر لے آئی۔ اور اُسے سورۂ طٰہٰ پڑھ کر سنانے کو کہا:۔

"...... یہ قرآن اُس کے پاس سے اترا ہے۔ جس نے یہ زمین اور اونچے آسمان پیدا کئے ہیں۔ وہ رحمت والی ذات جس کا عرش بریں پر راج ہے، وہی خالق اور وہی مالک ہے ہر چیز کا، جو آسمانوں پر ہے اور جو اِن کے درمیان ہے اور جو کرۂ خاک کے تلے ہے، اے انسان تو منہ سے بول یا نہ بول، وہ بھیدوں کو اور بھیدوں سے بھی زیادہ چھپی ہوئی چیزوں کو جانتا ہے، وہ تمام کائنات کا خدا ہے، اُس کے سوا کوئی معبود نہیں، دنیا میں ہر ایک خوبی اور نیکی اُسی کے نام سے ہے...... وہ گھڑی آنے کو ہے جسے

میں نے سب لوگوں سے پوشیدہ رکھا ہے، وہ جزا کی گھڑی ہے، جب کہ ہر روح جیسا کرے گی، ویسا بھرے گی دیکھ وہ شخص جو اس پر یقین نہیں لاتا، اور جو اپنی دنیاوی خواہش کا غلام بن رہا ہے، کہیں تجھے راہِ حق سے نہ روک دے، اور تیری تباہی کا باعث نہ ہو جائے........"

جوں جوں عمرؓ یہ سنتا گیا۔ اس کا غصہ ٹھنڈا پڑتا گیا آخر اس نے تلوار میان میں ڈال لی۔ اور بے اختیار کہنے لگا:۔

پیاری بہن۔ یہ کیا حقیقت ہے۔ اس میں کوئی بھید ضرور ہے۔ ان بتوں سے تو اپنا بت نہیں بنتا، یہ زمین و آسمان یہ بنی نوع انسان کس نے بنائے، یہ کلام انسانی نہیں ہے، یہ کچھ اور ہی ہے، میری بہن تو میری خطا معاف کر۔ اور میرے قصور سے درگزر کر۔ مجھے اب کچھ ہوا جا رہا ہے، میں کیا جانوں یہ کیا ہے۔ میں کیا کرنے کو تھا، توبہ میری، میری توبہ، بہن اٹھ چل اور مجھے لے چل اسی کے پاس جس نے یہ کلام تم کو بتایا ہے۔ اور یہ روشنی تم کو دکھائی ہے۔

عمر کا مشرف بہ اسلام ہونا

اس پر یہ لوگ آنحضرتؐ کے گھر کی طرف روانہ ہو پڑے وہاں پہنچے، اور جا دروازہ کھٹکھٹایا چند ایک اور آدمی بھی یہاں موجود تھے، ان کو علم تھا، کہ عمر آج سردارِ دو عالمؐ کا سر کاٹنے کو تلوار لئے نکلا ہوا ہے۔ بس گھڑی ہے کہ پل، آیا کہ آیا، جونہی کہ انہوں نے آہٹ سنی، سبھی حیب ہو کے رہ گئے، آنحضرتؐ خود اٹھے۔ اور جا کے دروازہ کھولا، اور عمرؓ کو دیکھتے ہی بے ساختہ کہا کہ عمرؓ آخر کب تک تم

میری جان کے قصد میں رہو گے۔

ادھر عمرؓ کو دیکھو۔ تو وہ گویا ایک تصویر بے جان ہے۔ دونوں ہاتھ باندھے۔ سر جھکائے آنکھیں زمین پر لگائے کھڑا ہے، بولنا چاہتا ہے۔ مگر لب پہ سکوت طاری ہے۔

عمرؓ اب آنحضرت کے قدموں پر گر پڑنے کو ہی تھا کہ آپؐ نے جھٹ سے اُسے گلے لگا لیا اور پیشانی پر بوسہ دیا۔ اب جو عمرؓ نے آپؐ کو روشن نگاہ سے دیکھا۔ تو حیرتِ حُسن اور رعب رسالت سے اُس پہ ایک سکتہ کا عالم طاری ہو گیا۔ جو جو حرکات اُس نے کی تھیں یاد و سردل کی انگیخت سے جن کا موجب ہوا تھا یکے بعد دیگرے اُس کی آنکھوں کے سامنے آموجود ہوئیں پشیمانی نے شرم کے پسینے پر پسینے اُس کی پیشانی پر بہائے اور دیر تک اُس کے حوصلہ و ہمت جگہ پر نہ آئے، آخر جب دل نے ذرا قرار پکڑا اور طبیعت ٹھکانے پر آنے لگی، تو عمرؓ نے آپ سے مخاطب ہو کے کہا، کہ یا محمدؐ تو نے مجھے کیا کر دیا، تیرے کلام میں کیا اعجاز ہے، اور تیری زبان میں کیا تاثیر مجھے آج وہ آنکھ نصیب ہوتی ہے، جس سے میں تیرا حُسن و جمال دیکھوں، اے شاہِ حُسن تو نے تو میرا دل لوٹ لیا، مجھ میں اب وہ تاب و تواں کہاں کہ میں کچھ کہہ سکوں جو کہوں تو یہ کہ مجھ پر نگاہِ کرم کر۔

بے حجابانہ درآ از در کاشانۂ ما — کہ کسے نیست بجز دردِ تو درخانۂ ما

فتنہ انگیز مشو کاکل مشکیں بکشائے — تاب زنجیر ندارد دلِ دیوانۂ ما

گر نکیر آید و پرسد کہ بگو رب تو کیست — گریم آنکس کہ ربود ایں دلِ دیوانۂ ما

آپ نے عمرؓ کو داخلِ اسلام کیا۔ عمرؓ کے بیعت کرنے سے مسلمانوں کا رسوخ اور بھی بڑھنا شروع ہو گیا۔

حمزہؓ کا مشرف باسلام ہونا

اِن ہی ایام میں ایک اور واقعہ بھی ایسا ہی پیش آیا تھا حمزہؓ آنحضرتؐ کے رشتہ میں چچا تھے۔ اور آپؐ سے بہت مانوس تھے، ایک دن حمزہؓ شکار کھیل کر جو واپس آئے، تو لونڈی نے کہا، صاحب آج ابوجہل نے ایسے ایسے نازیبا کلمات محمدؐ کو کہے ہیں کہ مجھ سے تو سنا بھی نہ جاتا تھا وہ بچارا بولا تک نہیں، اُس نے زبان تک نہ ہلائی۔ آفرین ہے اُس کے حوصلہ پر، اُس نے اُف تک نہیں کی ہیں تو مرکیسی ہو گئی۔ کہ ہمارے محمدؐ کو یہ اتنا ذلیل و رسوا کریں، اور ہم مُنہ دیکھا کریں، بھلا اُس غریب کا قصور ہی کیا تھا۔ اور اُس نے ابوجہل کا بگاڑا ہی کیا تھا، حمزہؓ کو یہ بات سُن کر بڑا رنج پیدا ہوا۔ اور اسے اس قدر طیش آیا، کہ غصہ انتقام بن کر سر پر سوار ہو گیا۔ اُس نے نہ حیلہ کیا نہ حجت سیدھے ابوجہل کے گھر کی راہ لی ہاتھ میں صرف کمان تھی، یہی کمان اس نے ابوجہل کے سر پہ دے ماری اور اُسے زخمی کر کے چھوڑا، اور اس سے کہا کہ تو نے کیا گھمنڈ اپنے دل میں بنا رکھا ہے، تجھے خبر نہیں۔ کہ محمدؐ میرا برادرزادہ ہے، حمزہؓ نے وہاں سے واپس آ کر تمام واقعہ آنحضرت صلعم کو سُنایا اور مشرف باسلام ہو گئے۔ عمرؓ اور حمزہؓ کی شمولیت سے جماعتِ اسلام کو بڑی تقویت پہنچی، کیوں کہ یہ دونوں بڑے رعب و رسوخ والے شخص تھے۔

سردار طفیل کا ایمان لانا

اسی اثناء میں ایک بڑا بھاری ذی عزت رئیس طفیل نامی اپنے کام کاج کے لئے مکہ میں آیا، لوگوں نے اُس کا بڑا استقبال کیا، اور اُس کی بڑی خاطر تواضع کی، باتوں ہی باتوں میں اُس سے یہ تذکرہ بھی ہوا کہ یہاں ہم میں ایک شخص محمدؐ نام ایسا پیدا ہو گیا ہے، کہ اُس نے اپنے باپ دادا کا نام بدنام کر دیا ہے، اور ہمارے آباؤ اجداد کی عزت خاک میں ملا دی ہے، خانۂ کعبہ کے بت جن کا دیا ہم کھاتے ہیں اور جن کے سایۂ تلے ہم رہتے ہیں اُن کی یہ توہین کرتا ہے، اور اپنے پرائے کسی کی نہیں سنتا۔ طفیل نے کہا، کہ آخر اُس کا اعتقاد کس پر ہے، لوگوں نے کہا، کہ وہ کسی ایک کا ذکر کیا کرتا ہے، کہ یہ تمام دنیا اُس نے بنائی ہے، مگر ہم لوگ تو کان بند کر لیتے ہیں، اور حتی الامکان اُس کی آواز اپنے تک پہنچنے ہی نہیں دیتے، آپ ہمارے شہر میں تشریف لائے ہیں، ذرا محتاط رہنا، وہ بڑا جادوگر ہے، اور اُس کا کلام سحر سامری ہے، جو ایک دفعہ سن پاتا ہے وہ اُسی کا ہو جاتا ہے۔ ایک دن ایسا سبب ہوا کہ آنحضرتؐ قرآن پڑھ رہے تھے کہ طفیل پاس سے گذرا، وہ ہٹ دھرم آدمی نہ تھا، ہر چند مشرکین نے اُسے اُسے ہدایت کر دی تھی، مگر وہ سنتا ہی رہا، کچھ ایسا متاثر کلام اللہ سے ہوا، کہ جب آنحضرتؐ نماز و ظیفہ سے فارغ ہو کر گھر کو چلے، تو یہ بھی پیچھے پیچھے چلا گیا، آپ بہت تیز رفتار تھے، اسے راستہ میں تو موقع ہی بات کا نہ ملا، جب آپ گھر پہنچے تو طفیل حضورؐ کے سامنے آ کے دو زانو بیٹھ گیا، وہ ایک بڑا صاحب جاہ و جلال تھا، مگر اُسے اپنے رتبہ کی کچھ سُدھ بُدھ اُس وقت نہ رہی۔

اُسے آئی وہمن پہ پریم کی اور لگی لگن پرتیم کی۔ عشق اللہ نے اُس کے اندر ایک ایسا جوش مارا کہ اُس کا من محبت کی مستی سے مسرور ہو گیا،

دِلم کز بادہ جبار شد مست — تنم از محبت دلدار شد مست
بہ مے خانہ گذر کردم چو دیدم — خطیب و قاضی و خمار شد مست
ازیں مے جرعہ پاکاں چشیدند — جنید و شبلی و عطار شد مست
گلستان ارم را سیر کردم — نچہ دیدم سر بسر گلزار شد مست
ازیں مے جرعہ دادند بمنصور — انا الحق میزد و بردار شد مست
بروح پاک شمس الدین تبریز — کہ ملا بر سر بازار شد مست

طفیل نے حضور میں عرض کی کہ :۔

یا محمدؐ تیری آواز جو میرے کانوں پڑی۔ وہ میرے ہوش و خرد لے گئی۔

میں اسی لئے تیرے قدم بقدم چلا آیا ہوں۔ اب میں تیرا در وازہ چھوڑنے کا نہیں۔ لوگ کہتے تھے جو تجھ سے ملتا ہے۔ وہ تیرا ہی ہو جاتا ہے۔ بس مجھ سے وہی ہوئی۔ یہ کلام جو پڑھ رہا تھا۔ میں نے سُنا۔ وہ میرے دل میں گھر کر گیا۔ مجھے بتائیے یہ کیا ہے۔ مجھے سب کچھ سمجھائیے مجھے اپنا خدا دکھلائیے۔ ضرور کوئی خدا ہے اور بالضرور تو اُس کا پیغمبر ہے۔ یا محمدؐ! مجھے تیری روشنی میں نور نظر آرہا ہے۔ میری آنکھ اب کھلی ہے۔ اے شہنشہ خوبرو تیری خوبی کی جناب میں ایک ہے نوا گدا دستِ سوال دراز کئے کھڑا ہے۔ دے اُسے زکوٰۃ حسن اپنے نام کی اور اپنے خدا کے نام کی۔ یا محمدؐ کر ایک نگاہِ مہر ادھر بھی۔

سیمیں ذقنا سنگدلا لالہ عذارا   خوش کن بنگاہے دل غمدیدۂ مارا
من چوں گذرم از سر کوئے تو کہ آنجا   یارائے گذشتن بنود باد صبا را
جامی نکند جز ہوس بزم تو لیکن   در حضرت سلطاں کہ دہد بار گدارا

بھلا طفیلؓ جیسا نامی گرامی شخص، بارعب و باارسوخ سردار مشرف باسلام ہو، اور مشرکین، کہ خاموش رہیں، یہ کہاں ممکن تھا، اُن کے تو تن بدن میں آگ لگ گئی ۔

باب ۷

مصیبت پر مصیبت

خدیجہ کی رحلت

ان ہی ایام میں آپؐ کو ایک بھاری مصیبت کا سامنا کرنا پڑا۔ حضرت خدیجہؓ دفعتاً بیمار ہو گئیں۔ ان کا آخر وقت آپہنچا، اور طائر روح جسم خاکی سے پرواز کر گیا۔ مومنین کو ام المومنینؓ کی وفات کا بڑا بھاری صدمہ گذرا، مگر سید المسلمینؐ کے دل پر جو صدمہ ملولِ اوّل کے گذر جانے سے ہوا، اس کا رقم کرنا قدرتِ قلم سے باہر ہے۔ جو چوٹ نبی اللہؐ کے دل پر اس پاک روح کے گذر جانے سے پہنچی، جس نے تمام عالم میں سب سے پہلے آپ کی نبوت تسلیم کی تھی، اس کا بیان طاقت انسان سے بعید ہے۔ جس حبیب خدا کا خدیجہؓ جیسا محب اس کے پہلو سے کنارہ کر گیا ہو، اس کے غم و اندوہ کا تذکرہ بشر کے مقدور سے دور ہے۔

اس موت سے یک قلم آپ کے سر پر ایک کوہِ غم آ ٹوٹا، اور یہ لازم تھا، کیونکہ خدیجہؓ بڑے پایہ کی رفیق اور بڑی خوبی کی بی بی تھیں۔ خدیجہ وہ تھیں جس نے اپنا زر و مال اپنا جاہ و جلال اس ماہِ جمال پر تصدق کر دیا تھا اپنے پر رحم نبی کے چین کو اپنا سکھ اور اس کے درد کو اپنا دکھ بنا لیا تھا، اور اپنے

پر انوں سے پیارے پیا کی پوجا اپنا دھارن دھار لیا تھا، ایسی روح کی دنیا سے رحلت اگر آنحضرت صلعم کی خوشی کی رحلت نہ ہوئی تو اور کیا ہوئی رفیقہ حیات رضؓ کی یاد اس شہ دو عالمؐ کے صفحۂ دل پر ایسی نقش ہوئی کہ پھر اپنی زندگی کے ساتھ ہی گئی، آپؐ خدیجہ کو بڑی ... نگاہ سے دیکھتے تھے، اور اور فرماتے تھے، کہ دنیا میں چار عورتیں نہایت اعلیٰ درجہ پا چکی ہیں، حضرت عیسیٰ کی ماں مریمؑ، فرعون کی بیوی آسیہؓ، آنحضرت صلعم کی زوجہ خدیجہؓ اور آنحضرتؐ کی لڑکی جو خدیجہ کے بطن سے ہیں فاطمہؓ۔

ابوطالب کی وفات

خدا کی قدرت، مصیبت پر مصیبت نے آپ کو دکھایا، اسی سال بزرگ ابو طالب بھی راہی ملک عدم ہو گئے، وہ دادا کا جانشین اور باپ کا قائم مقام چلتا ہوا، وہ یتیم کا والی اور نابالغ کا سرپرست چل بسا، یکایک آپؐ کے دل کو درد نے آگھیرا اور طبیعت پہ قلق نے قابو پا لیا، دل میں بار بار یہی خیال آتا، کہ میرے لئے میری دلدار خدیجہ اور میرے جاں نثار چچا نے کیا کچھ نہ کیا۔ کیا جان کی سلامت اور کیا تن کا آرام، سب ہی کچھ انہوں نے چھوڑا، مگر عمر بھر وفا سے منہ نہ موڑا، کیا آج میں اس دنیا میں بغیر ان دلداروں کے ہوں اسان مدد ارمان، اب میرے دکھ میں کوئی روئے گا، اور کون میرے درد میں شریک حال ہوگا، ایک زمانہ میرے ساتھ جنگ و جدل پر ہے، اور ایک دنیا میرے قتل پر آمادہ، اب کون میرے دکھے دل کو سہارا دے گا، اور کون ان کے آنرا کی ڈھارس بنے گا۔

دعا بدرگاہ مولیٰ اے میرے مولا میری مدد کر، میرے کارساز، میرا بگڑا کام بنا، مجھے محنت سے بچا، کہ میں بہت ذلیل ہو چکا ہوں، تو بندہ نوازی کر، کہ میں تیرے کمتر بندوں سے ہوں اے پاک ذات تو میرے گناہوں پر چشم پوشی کر کہ میں مستحق چشم پوشی ہوں، اے کریم مجھ پہ نظر کرم کر کہ میں ملتجی کرم ہوں" اے خدا میں اپنے ضعف و ناتوانی اور مصیبت و پریشانی کا حال تیرے سوا کس سے کہوں، مجھ میں صبر کی طاقت اب تھوڑی رہ گئی ہے مجھے اپنی مشکل حل کرنے کی کوئی تدبیر نظر نہیں آتی، میں اب سب لوگوں میں ذلیل و رسوا ہو گیا ہوں، اے خداوند عالم، تیرا نام ارحم الراحمین ہے، عاجزوں کی عذر پذیری اور مظلوموں کی دستگیری تیری خاص صفت ہے، اے پروردگار تو ہی ہر شکستہ حال کا مددگار رہے، اور یہ عاجز تیری عنایت اور مدد کا ہر دم اُمیدوار ہیں نہایت کمزور ہوں، لیکن اے رحیم تیرا رحم میری اُمیدوں سے بہت زیادہ وسیع ہے، تیری رحمت کا نور دین و دنیا کی تاریکیوں کا دُور کرنے والا ہے، یہ طاقت تیرے سوائے اور کسی میں نہیں۔"

تا ابد یا رب ز تو من لطف ہا دارم اُمید | از تو گر اُمید بُبرم از کجا دارم اُمید
زیستم عمرے بسے چوں دشمناں دشمن بگیر | بیوفائی کردہ ام از تو وفا دارم اُمید

هم فقیرم هم غریبم بیکس و بیمار و زار   یک قدح زاں شربت دارالشفا دارم امید

ناامیدم از خود و از جملۂ خلق جہاں   از همه نومیدم اما از تو میدارم امید

منتہائے کار تو دائم کہ آمرزیدن است   زانکہ من از رحمت بے منتہا دارم امید

ہر کسے امید دارد از خدا و جز خدا   لیک عمرے شد کہ از تو من ترا دارم امید

هم تو میدانی من چہا کردم تو پوشیدی بلطف   هم تو میدانی کہ از تو من چہا دارم امید

روشنی چشم من از گریہ کم شد اے حبیب   ایں زماں از خاک کوئے تو تیا دارم امید

باب ۸

ہجرتِ مدینہ

طفیلؓ تو اپنے کام کاج سے فارغ ہوکر اور اسلام کا سہرہ اور رنگت ماتھے پہ باندھ کر واپس اپنے وطن کو چلے گئے۔ مگر آنحضرتؐ کے لئے نئی اذیتیں مصیبتیں پیچھے چھوڑ گئے۔ مکہ والے پہلے ہی سے جلے بھنے بیٹھے تھے۔ اب طفیل کے قبولِ اسلام سے ان کے اندر آگ اور بھی بھڑک اٹھی۔ کفار نے آپؐ پر تعدی کرنے میں کوئی حد نہ چھوڑی اور ذلیل کرنے میں کوئی دقیقہ باقی نہ رکھا۔

آنحضرتؐ کے دردوں کی حقیقت اب ناگفتہ بہ تھی۔ نہ بزرگ ابوطالب سا دردمند چچا پاس تھا۔ نہ حضرت خدیجہؓ سا غمگسار پہلو میں۔ اس پر آئے۔ دن نیا عذاب اور روز نیا عتاب۔ جوں جوں دنیا کے دکھ بڑھتے گئے۔ عشقِ الٰہی کا درد بھی ساتھ ساتھ بڑھتا گیا۔ محبت مولا اور ہجرِ حق نے دنیا کی منزلیں اب اور بھی دشوار کر دیں۔

مکانِ یار دور و من ندارم طاقتِ دردِ دل
عجب در مشکل فتادم چساں طے سازم ایں منزل

کیا کہوں کس سے کہوں دیس پیا کا دور
اڑ نہ سکوں گر گر پڑوں رہوں ٹھور کی ٹھور

جب ان ظالموں کا ظلم برداشت کی حد سے بہت بڑھ گیا تو آپؐ نے اُمت کو حکم دیا کہ وہ بھی اپنے برادران دین کی طرح جو حبشہ ہجرت کر گئے تھے ہجرت کریں، مگر بجائے حبش کے یہ اب مدینہ کا رخ کریں، کیونکہ اُس نگر کی دھرتی، دھرم کے پودے کو اچھا مانتی ہے، چند ایک مدنی آنحضرتؐ کی بیعت بھی کر چکے تھے اور باہر سے بھی اب خال خال مسلمان مدینہ آنے شروع ہو گئے تھے۔ اس لئے آپؐ نے حبش سے مدینہ منورہ کو ترجیح دی۔

جدید منصوبہ آنحضرتؐ کے قتل کا

مومنوں نے ایک ایک دو دو کر کے مکہ سے نکلنا شروع کر دیا۔ اور دور رفتہ رفتہ سب کے سب ہی شہر سے باہر چلے آئے، باقی یہاں اب صرف نبی اللہؐ، علیؓ اور ابوبکرؓ مع اپنے اپنے عیال اطفال رہ گئے۔ قریش مکہ نے جب یہ حالت دیکھی تو انہوں نے صلاح ٹھیرائی۔ کہ محمدؐ سرغنہ چونکہ اب اکیلا ہے۔ ہمراہی اس کے صرف دو تین ہی کس ہیں۔ اُس کو یہاں سے جیتا جی نکلنے نہ دیا جائے۔ اب وقت ہے۔ اُس کا کام تمام کر دیا جائے اُس نے اپنا ایک گروہ حبشہ بھیج دیا ہے۔ پس ماندگان کو اب اس نے مدینہ کی طرف روانہ کر دیا ہے۔ اب بات ایسی کرو کہ یہ یہاں سے بچ کر نہ نکلنے پائے۔

مگر جائے اُستاد خالی است۔ ابوجہل بول اُٹھا۔ کہ یہ صلاح سوچی تو سب صحیح ہے لیکن محمدؐ کے قتل کرنے کے لئے ایک آدمی مخصوص کر دینا مناسب نہ ہوگا۔ بالکل ممکن ہے کہ اُس کے وارثوں سے کوئی

شخص ایسا نکل پڑے جو قاتل سے قتل کا انتقام لے یا "خوں بہا" کا مطالبہ کرے۔ اگر معاملہ یہ صورت پکڑ گیا۔ تو بات بگڑ جائے گی "۔

... یہ ہے یہ تجویز پیش کی. بجائے اس کے کہ کوئی تمام آدمی اس قتل پر امور کیا جائے۔ بہت سے آدمی اکٹھے ہو کر محمد پہ جاکے ٹوٹ پڑیں اور وہیں اس کے ٹکڑے ٹکڑے کر ڈالیں یہ رائے سب کو پسند آئی اور سب نے اس منصوبہ کی داد دی۔

جب یہ بحث ختم ہوگئی، اور صلاح قتل بے گناہ کی پک گئی تو ابو جہل چند ایک اپنے ہمراہی ساتھ لے کر قتل کی نیت سے گھات میں جا بیٹھا۔ یہ لوگ اب منتظر تھے کہ جب موقع پائیں محمدؐ کی لہو کے پیاسے خنجر آپؐ کے خون سے سیراب کر لائیں، اور ملک کے قتل گڑھ میں عزت عام پائیں۔ شان ایزدی دیکھیے۔ کہ آنحضرت نے بھی ہجرت کے لئے یہی رات منتخب کی تھی۔ دشمنوں نے گھر گھیر رکھا تھا۔ آپؐ نے حضرت علیؓ کو جگایا اور فرمایا۔ کہ میرے بستر پر سو جاؤ۔ علیؓ نے بخندہ پیشانی اس حکم کی تعمیل کی۔ آپ نے وضو کیا۔ نماز پڑھی اور دروازہ کھولا۔ دیکھا تو بہت سے قاتل دروازے پر پھر رہے تھے۔ اس وقت اُن میں سے نکلنے کا حوصلہ وہی کر سکتا تھا۔ جس کو اپنے خدا پر پورا بھروسہ ہو۔ آپ نے قاتلوں کی کچھ پروا نہیں کی اور اُن کے سامنے سے گذرتے ہوئے چلے گئے۔۔ اور ابوبکرؓ کے گھر جا پہنچے۔ وہاں سے ابوبکرؓ کو ساتھ لیا اور رات کی تاریکی میں طواف کیا۔ اور فرمایا اے واحد خدا کے عبادت گاہ میں تیرے قریب رہنا اور تیری خدمت کرنا چاہتا ہوں مگر یہ بت پرست مجھے یہاں رہنے نہیں دیتے۔ اس لئے جدا

ہوتا ہوں انشاء اللہ پھر ملوں گا۔

یہاں سے آپؐ آگے بڑھتے گئے۔ اور مکے کے حدود سے آگے نکل گئے۔ اور جب صبح ہوئی۔ تو قاتلوں نے دروازہ توڑا۔ دیکھا تو علیؓ مزے کی نیند سو رہے تھے۔ حیران رہ گئے۔ پوچھا محمدؐ کہاں ہیں۔ علیؓ نے جواب دیا مجھے کیا معلوم۔ وہاں سے وہ دوڑے ہوئے ابوبکرؓ کے گھر پہنچے۔ مگر وہاں کیا رکھا تھا۔ غصہ اور کرودھ کا بھوت ان کے سر پر ایسا سوار ہوگیا کہ ان کی شکل ڈراونی اور صورت مہیب بن گئی۔ رنگ ان کا غصے سے کالے ناگ سا ہوگیا اور آنکھوں سے خون برسنے لگ گیا۔ اور کیوں نہ ہوتا ان کے ہاتھ سے ایک تو شکار چھوٹ جاتا رہا، اور دوسرے خجالت و ندامت شہر بھر کی ان کو اٹھانی پڑی، کہ یہ سب کچھ کیا بھی مگر پھر بھی ہاتھ کچھ نہ آیا، ان لوگوں نے دیوانہ وار مکہ میں شرق سے غرب اور شمال سے جنوب دوڑ دوڑ کر چپہ چپہ زمین چھان ماری، مگر وہ کام دل ان کو حاصل نہ ہوا، اور نہ وہ صید ان صیادوں کے ہاتھ نہ چڑھا دشمنوں نے بڑے بڑے انعام و اکرام رکھے، کہ جو بدکردار اس نیکوکار کی گردن کاٹ کر لائے گا، اسے بہت کچھ مال و متاع دیا جائے گا، مگر کہاں رسول خدا کہاں بندہ کمتر کجا رام رام کجا ٹیں ٹیں۔

غار کے منہ پر عنکبوت کا جالا آنحضرتؐ نے غار ثور نہیں جو مکہ سے ڈھائی میل کے فاصلہ پر تھی۔ آپ پناہ لی۔ ابوجہل کا گروہ اس غار کے عین سامنے سے گذرا۔ مگر ان کو ایسا دکھائی دیا۔ جیسا کہ غار کے منہ پر ایک عنکبوت نے جالا بن دیا ہے۔ بلکہ ایک قمری نے اس پر

انڈے بھی دے دیئے ہیں۔ ان لوگوں نے یہ تصور کر لیا۔ کہ اگر یہاں کوئی آدمی اندر داخل ہوا ہوتا۔ تو اس غار کے منہ پر جالا کیسے بنا رہتا۔ اس لئے وہ اندر داخل ہی نہ ہوئے اور پاس سے گذر گئے۔

الغرض جو جو راستے اپنی بدعملی کو سرانجام دینے کے لئے ان بداعمالوں کو سوجھے۔ ان سبھی پر انہوں نے عمل کیا۔ مگر ان کو مرادِ دل حاصل نہ ہوئی۔ خاتم النبیینؐ کا خاتمہ کرنے والے اپنی کرتوتوں کا آپ ہی خاتمہ کر کے آخر دستِ حسرت مل کے بیٹھ گئے۔ آنحضرتؐ تین روز کے بعد غار سے نکل کر مدینہ آپہنچے۔ اُدھر علیؓ بھی دشمنوں کے داؤ پیچ سے بچ کر آپؐ کے پاس مدینہ آ گئے۔

اے آمدنت باعثِ آبادیٔ ما

مدینہ میں آنحضرتؐ کی آمد

مومنین مدینہ کو موہن کا مکھڑا دیکھ چاند چڑھ آیا، مسرت کی مد سے مسرور ہوئے جاتے تھے اور کسی کے پریم میں چور۔ جگہ جگہ انہوں نے شادیانے بجائے، اور گھروں میں گھی کے چراغ جلائے، ہر شخص آپؐ سے یہی کہتا تھا کہ میرے ہی گھر چلئے اور قیام کا شرف مجھے ہی دیجئے اگر محبت میں رشک نہ ہو۔ اور عشق میں رقابت نہ ہو، تو پریم کی جوت کا دیا بھلا کیوں کر جلے۔ لوگ بے قرار ہوئے جاتے تھے کہ دیکھئے آج یہ محمدی مہمان کسے اپنا میزبان منتخب کرتا ہے اور کسے آج یہ عزت ابدی بخشتا ہے، آنحضرت صلعم امت کا یہ شوق و رغبت اور یہ جوشِ محبت دیکھ کر بڑے بشاش تھے، ساتھ ہی آپؐ کو یہ احساس بھی تھا کہ کسی کا دل نہ دکھے۔ جو شخص اپنے دشمن کی دل آزردگی برداشت نہ کر سکتا تھا، وہ بھلا اپنی امت کے کسی بشر کی

دل شکنی کب گوارا کرتا۔ آپ نے سب کو مخاطب ہو کے کہا۔ کہ بھائی مسلمانو۔ میں اپنی اونٹنی کی مہار چھوڑ دیتا ہوں، جہاں وہ جا کے ٹھہر جائے۔ بس وہی میرے ٹھکانے کی جگہ ہوگی، تم سب اس پہ رضامندی ظاہر کرو، سب نے آمین کہی، اب ہر ایک منتظر تھا۔ کہ دیکھئے کس کی قسمت آج رنگ دکھاتی ہے۔ مگر ایوبؓ انصاری کے نصیب کا بھی تو کوئی ہی پیدا ہوا کرتا ہے، ذات حق کو اُس کا نام عالم میں قائم رکھنا تھا۔ اونٹنی اُس کے گھر کے آگے آ کے ٹھہر گئی، بیچارہ ایک مفلس مومن اور بیکس بشر تھا، مگر بھاگوں کا بڑا دھنی نکلا۔ اونٹنی کا وہاں ٹھہرنا تھا کہ لوگ اُسے مبارک پر مبارک دینے لگے اور اُس کے اپنے دل کی خوشی اور مسرت کی تو کوئی حد ہی نہ رہی۔ جس جگہ محمدی ناقہ جا کے بیٹھا تھا وہاں اب تک مسجد نبوی موجود ہے، آپ نے آنحضرتؐ نے خود اپنے دست مبارک سے اور اپنے اصحاب کی شمولیت سے کچی اینٹوں اور کھجور کی لکڑیوں سے کھڑا کیا تھا۔

آغاز اذاں

مسلمانوں کی تعداد جوں کہ اب بڑھ رہی تھی مسجد میں نماز کے لئے گھر گھر جا کے لوگوں کو بلانا کٹھن معلوم ہونے لگا، آنحضرت صلعم نے اصحاب سے صلاح پوچھی کہ کوئی ایسی تجویز بتائی جائے جس سے سب ہی کو نماز کے لئے ٹھیک وقت پر اطلاع مل جایا کرے کسی نے کہا، گھنٹا بجاؤ کسی نے کہا آگ جلاؤ کسی نے کہا ناقوس کو بجاؤ۔ لیکن ہر کس بقدر ہمت اوست ہے حضرت عمرؓ کہنے لگے کہ ان بے جان چیزوں سے جو بھلا کام لیتے ہو، کیوں نہ انسان خود انسان کو اور خدا کے نام سے بلائے، تاکہ لوگوں کو یہ علم بھی ہو جائے کہ خدا کی عبادت عبادت کے لئے بلایا جا رہا ہے، آنحضرتؐ نے یہ تجویز پسند کی۔ آغاز اذان اس طرح پر ہوئی

حصّہ سوّم

سردارِ مدینہ	جنگِ خندق
جنگِ اقمر	جنگِ خیبر
جنگِ بدر	جنگِ موتہ
جنگِ اُحد	جنگِ ہوازن

باب ۹

حضورِ اکرمؐ کا سردارِ مدینہ ہونا

آنحضرتؐ نے مدینہ کے باشندوں میں قومیت کی ایک روح پھونک دی تھی، کیا مسلم کیا کفار اور کیا مہاجر کیا انصار، سبھی نے ایک دوسرے سے اتحاد اور اتفاق کا سبق سیکھ لیا، اور وہ پرانی عرب عادت اور برے خصائل ترک

کردہ تھے۔ آپؐ نے انہیں یہ بخوبی ذہن نشین کرایا کہ خواہ ہم میں اختلافات کچھ بھی ہوں مگر ہم لوگوں کو قومیت کا احساس رکھنا لازم ہے، بغیر اس کے کوئی قوم فلاح نہیں پا سکتی، اگر ہم لوگ باہمی تنازعات میں ہر وقت اُلجھے رہیں گے تو دائمی کسی نہ کسی غیر کی اطاعت میں ہی رہیں گے۔ ہر بشر کو چاہیئے کہ مقدم خیال وہ اپنی قوم کا دل میں رکھے، اور اپنی ذاتی خواہشات کو قومی خیالات پر کبھی ترجیح نہ دے، جو شخص ترجیح دیتا ہے وہ انسان کے درجہ سے اُتر کر حیوانوں کے زمرہ میں داخل ہو جاتا ہے۔ یہ شیوہ حیوان کا ہے کہ وہ صرف اپنا ہی پیٹ پالن کر سکتا ہے ہم جنسوں کا اُسے کچھ فکر نہیں ہوا کرتا، کیونکہ اُسے سوچ اور سمجھ کی طاقت اللہ نے اتنی ہی عطا کی ہے مگر انسان اشرف المخلوقات کہلاتا ہے۔ اس لئے کہ اسے فکر کی طاقت خدا نے دی ہے، لازم ہے کہ تم انسان کا جامہ پہن کر انسان کے خصائل اختیار کرو اور اپنی قوم کا ہر وقت خیال مقدم رکھو۔ قومیت کا سب سے اول اصول یہ ہے کہ قومی معاملات میں امتیاز فرقہ و جماعت بلا وجہ نہ رکھو، اسے تعصب کہتے ہیں، یہ ہٹ دھرمی ہے، اور اس نے اکثر قوموں کو دیمک کی طرح کھا لیا ہے اے مدینہ والو، یہ تعصب بُری بلا ہے، اس سے بچنا۔

بارہا نالید و گفت اے قوم ما بیدار شو

لوگ اس نصیحت پر کار بند ہونے لگے، اور ان میں یکجہتی اور یگانگت کے آثار بھی نمودار ہونے لگ گئے۔ اب اُن کو خود بخود ایک ایسے شخص کی ضرورت محسوس ہونے لگی جو قوم کا راہنما ہے، گری ہوئی قوم کا یہ خاصہ ہے، کہ ہر یک اپنا میں یہی سمجھتا ہے، کہ "ہم چو ما دیگرے نیست" ہر یک دوسرے کے عیب چھانتا رہتا ہے،

مگر اپنے عیوب کی اصلاح نہیں کرتا، ہر ایک دُوسرے سے اختلاف رائے رکھتا ہے، مگر متفق الرائے ہونے کی کوئی سعی نہیں کرتا۔

سردار مدینہ

اہل مدینہ کی جب حالت سُدھرنی شروع ہوئی تو اُنہوں نے فوراً ہی یہ اپنے آپ میں تاڑ لیا۔ کہ اُن کا پرانا رویہ ایک شترِ بے مہار، کا سا تھا۔ جدھر جس کا منہ اُٹھا۔ ادھر ہی چل دیا نہ کسی سے صلاح تھی نہ کسی کا مشورہ۔ تنظیم کی طاقت اُن پر پہلی دفعہ اب نمایاں ہونے لگی۔ جتھہ بندی کی خوبی اور جتھہ دار کی ضرورت اُنہیں پہلی مرتبہ اب محسوس ہوئی لیکن اب اُن کو ایک سردار مل گیا تھا۔ جس سے بڑھ کر سلیم الرائے۔ ہر ایک کی ضرورت کو سمجھنے والا۔ ہر ایک کی بھلائی کا خواہاں دنیا نے کبھی نہ دیکھا تھا۔ یعنی دنیا بھر کے سرداروں کا سردار۔ "مہارت" محمدؐ ہی تھا۔ آپؐ کے اوصاف حمیدہ سرداروں سے بہتر تھے۔ اور صفاتِ ستودہ تاجداروں سے بڑھ کر مسلم و نامسلم مدینہ کے بخت خفتہ بیدار ہوئے۔ اور سب نے بالاتفاق آنحضرتؐ کو اپنا سردار مان لیا۔ اب آپؐ حاکم مدینہ منورہ تھے۔ مگر ایسے حاکم جو دلوں پر حکومت کرتے تھے۔ جو نہ تخت رکھتے تھے نہ تاج۔ مگر جس کا حکم سینوں میں دِلوں کو لرزا دیتا تھا۔ آپ کی اُمت پر جو تعدی نامسلم لوگوں نے روا رکھی۔ وہ تو درکنار رہی۔ مسلمانوں کی عورتوں اور بچوں کے ساتھ جو بداخلاقی اور بے رحمی کفار نے کی۔ اُسے سُن کر جسم پر رونگٹے کھڑے ہو جاتے ہیں عرصہ دراز تک یہ لوگ خاموش رہے۔ آخر ش مجبور ہو گئے۔ جب جان پر آ بنے تو ظالم کے پنجہ سے اپنی اور اپنے بال بچہ کی جان بچانا انسان پر ایک فرض اعلیٰ ہو جاتا ہے دُنیا میں آخر ہر چیز کی ایک حد ہوا کرتی ہے۔ یہاں معاملہ حد سے کہیں زیادہ بڑھ گیا

تھا۔ جل جس قدر بھی فتیل اور ٹھنڈا ہے مگر اگنی کی تپش سے وہ بھی اسی طرح تپ جاتا ہے اور ایسے ہی جلاتا ہے۔ جیسے کہ اگنی خود۔

یہاں مثل تجاوز اور ٹھیک تو مسلمانوں کو مشرکین مکہ نے آگ کے ایک جلتے جلتے تندور میں ڈال دیا تھا۔ اُن کی بے کسی کا یہ عالم تھا کہ اُن کے لئے اب "نہ پائے رفتن نہ جائے ماندن" تھی۔ جائیں تو کہاں۔ اور کریں تو کیا۔

تنگ آمد بجنگ آمد

مسلمان اصولاً لڑائی سے بہت کتراتے تھے۔ دراصل وہ لڑائی کی طاقت بھی نہ رکھتے تھے۔ اُن کا ایک گروہ مکہ سے نکل کر حبشہ چلا گیا تھا۔ دوسرا مشرکان مکہ کی تعدی سے تنگ آ کر مدینہ میں ہجرت کر آیا تھا۔ آنحضرتؐ نے خود غاروں میں جا پناہ لی۔ طرح طرح کی اذیت و مصیبت اُٹھائی مگر لڑائی کا قصد نہ کیا

ایسے فرقہ پر یہ گمان لانا کہ وہ مُلک گیری کی تمنا میں آمادہ بجنگ رہا کرتا تھا۔ ایک امر ناواجب ہے۔ یہ خیال کہ ایک مٹھی بھر مسلم اُٹھ کر عرب کے وحشی و خونخوار کفار سے لڑائی پر تُلے رہتے تھے۔ قرائن قیاس نہیں ہو سکتا۔ اتنی تھوڑی بساط سے ایک پہاڑ سے جا ٹکر مارنا یہ اُسی کا کام ہو سکتا ہے جس کا اپنا سر چکرایا ہوا ہو۔ آنحضرتؐ جیسے "عقلِ کل" کی نسبت یہ خیال پیدا کر لینا کہ وہ اپنی جماعت کو ایسی مصیبت میں پھنسانے سے بھی گریز نہ کرتے تھے۔ ایک بے سمجھ مورکھ اور جاہل اجہل ہی کا کام ہو سکتا ہے قوی شہادت اس امر کی موجود ہے۔ کہ جہاں جہاں مسلمانوں نے ہتھیار اُٹھائے۔ یا تو اس لئے کہ وہ اپنے آپ کو دشمنوں کے پنجہ سے چھڑائیں۔ اور یا اس لئے کہ دوسرے مظلوموں کو ظالموں سے نجات ملے۔ اور اسلام کا نام دنیا میں قائم رہ جائے

باب ۱۰

جنگِ بدر

ایک شخص عبداللہ بن اُبی مدینہ کا باشندہ جو شوقِ شاہی دماغ میں رکھتا تھا۔ اس کا خیال تھا۔ کہ وہ مدینہ والوں کا بادشاہ بن جائے گا۔ اُس نے ایک تاج بھی اپنے لئے تیار کرا لیا تھا۔ مگر آنحضرتؐ کی تشریف آوری سے یہ تاج دھرا رہ گیا۔ آپ کے اقبال اور روز افزوں جلال کا حاسد ہو گیا، مکہ والے تو پہلے ہی آپ کی جان کے دشمن تھے، دشمن کا دشمن دوست ہو اکرتا ہے، اس نے اُن سے گانٹھ لی اور اندر ہی اندر ساز باز کرتا رہا۔ اور جاسوس بن بیٹھا، مکہ والوں سے اس نے عہد و پیمان کر لیا کہ اگر تم مدینہ پر حملہ آور ہوگے تو میں تم کو ہر طرح کی مدد امداد دوں گا اور مکہ والوں نے یہ اقرار کیا کہ ہم مدینہ فتح ہو جانے پر تم کو حاکم مدینہ بنا دیں گے، مسلمانوں کی بھی کھٹک گئی، کہ ایک تو یہاں یہ مارِ آستین ہم میں موجود ہے، آڑے وقت پر ضرور کوئی نہ کوئی حرکت کرے گا دوئم اُن کو یہ بھی علم تھا، کہ مکہ کے کفار تو صرف موقع ہی کی انتظار میں ہیں۔ جب بھی داؤ اُن کا لگ گیا، ضرور ہم پہ حملہ کریں گے اتفاق ایسا پیش آیا، کہ ان دنوں ایک قافلہ قریش کا شام سے واپس آ رہا تھا، اور اُس کو مدینہ کے قرب و جوار سے گزرنا تھا جس کی داڑھی میں تنکا سردار قافلہ ابو سفیان کو کچھ شک گذرا کہ مکہ اور مدینہ کی مخالفت بہت بڑھ رہی ہے،

ایسا نہ ہو کہ مدینہ والے کچھ مقابلہ ہی کر بیٹھیں اور ہم لوگ اپنا مال و متاع نقصان کرا جائیں، سردار نے ایک قاصد مکہ دوڑایا اور مکہ والوں سے مدد مانگی، قاصد نے اپنے اونٹ کے کان کتر دیئے۔ کجاوہ اُلٹے رُخ لگا لیا، اور اپنا پیرہن چاک کر دیا۔ اور ایک نرالی شکل و وضع بنا کر داخل شہر ہوا، قاصد کو یہ خوب سوجھی، کیونکہ اس سے اُس کی آمد کی منحوس خبر چاروں طرف آناً فاناً پھیل گئی، لوگ سب اکٹھے ہو گئے، ماجرا پوچھا تو اُس نے کہا، کہ محمدؐ اور اُن کے ساتھی ہمارا مال لوٹنے پر آمادہ ہیں۔ تمہیں تو خبر ہے کہ جس نوع کے وہ انسان ہیں۔ تم سے کچھ بن سکتا ہے تو بناؤ۔ ورنہ اپنے مال متاع سے ہاتھ دھو بیٹھو۔ یہ خبر ملنی تھی۔ کہ مکہ میں جنگ کی تیاریاں شروع ہو گئیں۔ جو لوگ سمجھ دار تھے۔ وہ آخری لمحہ تک لڑائی کے مخالف رہے۔ مگر عرب کی عقل جتنی بھی اعلیٰ تھی۔ ابوجہل کی جہالت کے سامنے ریچ تھی۔ اُس نے کسی کی بات چلنے نہ دی۔ سب پر غالب الرائے ہو گیا۔ لوگوں کو اُس نے آمادہ بجنگ کر لیا۔ اور اپنا لاؤ لشکر لے کر مدینہ پہ دھاوا کرنے کو نکل پڑا۔ ادھر سردارِ قافلہ اپنا راستہ تبدیل کر کے صحیح سلامت مع اپنے کل مال و متاع مکہ بھی پہنچ گیا۔ اور اُس نے پہنچتے ہی ابوجہل کو بہت سمجھایا کہ مدینہ پہ تمہارا حملہ کرنا مطلقاً لایعنی ہے۔ مگر وہ شخص اگر نام کا ابوجہل تھا۔ تو کرتوت کا بھی ایک مکمل ابوجہل تھا۔ آخر اپنی جہالت سے نہ ٹلا۔ اُس نے میدان کارزار گرم کر ہی دیا۔ آنحضرتؐ کو بھی یہ معلوم ہو گیا تھا۔ آپ مسلمانوں کی ایک چھوٹی سی جماعت ساتھ لے کر مدینے سے نکلے تھے اور بدر کے مقام پر آ پہنچے تھے۔

ابوجہل ایک ہزار (۱۰۰۰) جوان ساتھ لایا تھا۔ آنحضرتؐ کے ساتھ قریباً ۳۱۳ آدمی تھے جن میں (۸۰) مہاجرین تھے، باقی انصار مگر سب کے سب لڑنے مرنے پر تیار اور ایک دوسرے سے بڑھ کے آپؐ کے جاں نثار، دراصل مسلمانوں کو یہ علم نہ تھا کہ انہیں اتنی بھاری جمعیت سے مقابلہ پڑ جائے گا۔ مگر پھر بھی ہمت کے میدان میں یہ ذرا نہ گھبرائے اور ڈٹ کر جمے رہے، قدرت نے فتح کے سامان مسلمانوں کے لئے کچھ عجیب مہیا کر دیئے تھے ایک تو موقع ایسا تھا کہ سورج دشمن کے سامنے تھا، اور مسلمانوں کی پس پشت دوسرے مسلمان ایک اونچی جگہ پر ڈیرہ ڈالے تھے اور دشمن کا لشکر نشیب زمین پر تھا، اتفاقاً بارش آگئی اور آئی بھی بڑے زور شور سے اوپر کا پانی بہہ کر نیچے جا نکلا، اور غنیم کی صفوں میں تمام کیچڑ و دلدل ہو گیا۔ اس سے مکہ والوں کے دل ٹوٹ گئے۔ ادھر سے حمزہؓ، علیؓ اور عبیدہؓ میدان میں نکلے، ادھر سے عتبہ اور اس کے لڑکے سامنے آئے پھر لڑائی دونوں جانب سے زور شور سے شروع ہو گئی، دونوں لشکر ایک دوسرے پر لوٹ پڑے اور جو ہاتھ چڑھا۔ اسے گاجر مولی کی طرح کاٹ ڈالا، نبی اللہؐ مع ابوبکرؓ میدان میں ایک طرف بیٹھے دعا مانگ رہے تھے کہ یا اللہ اپنی امت کی مدد کر اور سچ کا ساتھ دے" کہ اتنے میں وحی نازل ہوئی جس سے نصرت کی خبر ملی، آپؐ نے فتح کی خوشخبری لشکریوں کو سنائی، میدان مسلمانوں کے ہاتھ رہا، بہت سے کفار مارے گئے، اور باقی بھاگ نکلے، مسلمانوں نے تعاقب کیا اور بھاگتوں کو اسیر کر لیا۔

واقعات جنگ آنحضرت صلعم کی شخصیت اور مسلمانوں کی حسن عقیدت بھی

قابل غور تھی، ایک نوجوان مسلمان کی شہادت کی خبر سن کر اس کی بھیا ماں بولی، کہ مجھے اپنے بیٹے کی موت کا ذرا بھی غم نہ ہوگا اگر محمد صلعم یہ کہہ دیں کہ وہ واقعی شہید ہوگیا ہے، اور اسے بہشت نصیب ہوئی ہے، سبحان اللہ ایمان ہو تو ایسا اور اعتقاد ہو تو اس طرح کا، اس جنگ میں دو مسلمان لڑکے معوذؓ اور معاذؓ بڑے خبا نماز ثابت ہوئے، انہوں نے دشمن کے لشکر میں پہنچ صف بہ صف ڈھونڈھ کر ابوجہل کو جا پکڑا اور اسے مار مار کر زخموں سے گھائل کر دیا، اور خود بچ کر نکل آئے، کفار خود تو بھاگ گئے تھے، مگر زخمی ان کے میدان میں پڑے سسک رہے تھے، اتفاقاً عبداللہ بن مسعودؓ وہاں سے گذرے جہاں ابوجہل گرا پڑا تھا۔ ابوجہل نے آواز دی، کہ ارے جانے والے۔ یہ تو بتا تا جا کہ کون لشکر جیتا ہے، اور فتح ونصرت کس کے نام لکھی گئی، عبداللہؓ نے اس کو بتایا کہ اسلام کا لشکر فتحیاب ہوا۔ یہ سن کر ابوجہل اول فول بکنے لگا عبداللہ نے کہا کہ "دشمن خدا تو فرعون سے بھی بدتر ہے، وہ مرتے دم تو نادم ہوا تھا، اور تو اب بھی منفعل نہیں ہوتا، یہ کہہ کر اس کی توند پر پاؤں رکھا۔ ابوجہل پکارا او گنوار۔ دیکھتا نہیں میں کون ہوں۔ ارے میں مکہ کے لشکر کا سردار ہوں۔ اور حسب نسب میں سارے عرب سے بہتر۔ یہ تو کیا بے ادبی کرتا ہے، پھر بولا دیکھ تو مجھ کو مار ڈال مگر جب تو میری گردن کاٹنے لگے تو ذرا دیکھ بھال کر جڑ سے کاٹنا تاکہ دیکھنے والے میرے کٹے ہوئے سر کو دیکھ کر کہیں کہ واقعی کسی بڑے سردار کا سر ہے۔ کیونکہ اس کی گردن اس عبداللہ نے ایک وار سے ابوجہل کا کام تمام کر دیا، خدائے برحق نے اس شخص کا خاتمہ کیا۔ جس نے ایک سو اونٹ اور ایک ہزار چاندی

کا سکے خدا کے نبیؐ کے خاتمہ کرنے کے لئے انعام مقرر کیا تھا۔
کفارِ مکہ نے اگرچہ مُنہ کی کھائی مگر اُنہیں شدہ بدہ پھر بھی نہ آئی۔ اُن کی "غیرت" نے بھی ایک نرالا ہی نمونہ پیش کیا۔ اِن لوگوں نے مکہ میں اعلان کر دیا۔ کہ جنگ بدر کے مقتولوں کا کوئی شخص علانیہ ماتم نہ کرے۔ اور نہ کہیں سے رونے دھونے کی آواز باہر نکلے۔ وگرنہ یہ دیکھ کر مسلمان ہم پر قہقہہ زنی کریں گے۔ اور ہم اُن کی نظروں میں سُبک ہو جائیں گے۔ ایک بُڈھا بچارا مصیبت کا مارا اپنے تین نوجوان بچے اس جنگ میں کھو بیٹھا تھا۔ اور اپنی شامتِ اعمال اور دُکھ دُنیا کے دیکھنے کو پیچھے رہ گیا تھا اب ایسا شخص اگر اپنے بیٹوں کے انتقال کے غم میں نہ روئے تو ان کم عقلوں کی عقل پر تو روئے، جنہوں نے قانونِ قدرت کے خلاف قانون نافذ کر رکھے تھے۔ مگر کوئی روئے بھی تو کہاں جا کے۔ کیونکہ اگر کوئی اُسے روتا دیکھ پائے تو اُس کی شامت آ جائے، اِن ظالموں کے ظلم سے تنگ اور اپنی جان سے لاچار بڈھا غریب شہر سے باہر چلا جاتا، اور اپنے بچوں کو یاد کر کے اپنی بیکسی پہ روتا، ایک دن ایسا واقعہ پیش آیا کہ اُسے کسی اور شخص کے رونے کی آواز آئی اُس نے جھٹ لونڈی کو بھیجا کہ جا دیکھ تو سہی: کیا رونے کی عام اجازت مل گئی ہے؟ لونڈی نے واپس آ کے کہا کہ ایک بیوہ بیکس کا اونٹ گم ہو گیا تھا۔ ہر چند اُس نے تلاش کی ہے، دستیاب نہیں ہوتا، اب بچاری مایوس ہو کر آ بیٹھی ہے، اور اپنے بختِ برگشتہ پہ رو رہی ہے۔ یہ سن کر بڈھا بے اختیار زور زور سے رونے لگ گیا کہنے لگا۔ کہ "یہ کیا اندھیر نگری ہے کہ۔ جو اونٹ چلا جائے تو رونا روا ہے۔ مگر جو تین جوان بچے ناحق

خون ہو جائیں تو اُن پر آنسو بہانا بھی نارواہے۔

مسلمانوں کو جو غنیمت اس جنگ میں ہاتھ آئی تھی، اُس کی تقسیم اس طرح پر کی گئی۔ کہ چار حصّہ اُس کے توشرکائے جنگ میں بانٹے گئے۔ اور پانچواں نبی اللہ صلعم کی زیر تحویل بیت المال میں رکھا گیا تاکہ وہ اس سے مفلس محتاج کی مدد کریں، یا کسی اور رفاہ عام پر جہاں آپ مناسب خیال کریں خرچ کریں۔ جو قیدی اس جنگ میں پکڑے گئے تھے، ان کو ابوبکرؓ کی رائے کے مطابق رہا کر دیا گیا، اگرچہ عمرؓ اس سے اختلاف رائے رکھتے تھے۔ حکم رہائی میں شرائط یہ تھیں۔ کہ غریب اور اَن پڑھ تو فوراً رہا کر دیئے جائیں۔ مگر جو زردار ہیں وہ تاوان داخل کریں اور تعلیمیافتہ اشخاص مدینہ میں کچھ عرصہ کے لئے قیام کریں اور مسلمان بچوں کو تعلیم دیں کچھ میعاد مقررہ کے بعد اُن کو بھی اپنے اپنے گھروں کو واپس چلے جانے کی اجازت دے دی گئی۔

ان شرائط سے اسیران بہت ہی خوش ہوگئے۔ کیونکہ دنیا میں یہ پہلا ہی واقعہ تھا کہ قیدیانِ جنگ کے ساتھ کسی فاتح نے ایسی خوش اسلوبی سے برتاؤ کیا ہو، یہاں تک پسندیدہ سلوک اُن لوگوں سے مسلمانوں نے کیا، کہ ان اشخاص کو اپنا مہمان تصور کر لیا، جب کسی مسلمان کے گھر اپنے کھانے کو کافی نہ ہوتا، تو وہ خود کھجور کھا کے گذارا کر لیتا، مگر مہمان کو ضرور گندم کی روٹی ہی دیتا۔ اگر کسی مُسلمان کے پاس کہیں جانے کو کافی سواری بہم نہ ہو سکتی تو آپ پا پیادہ ہو جاتا مگر مہمان کو ضرور سوار کر لیتا، گویا فاتح مسلمانوں اور مفتوح مشرکوں میں کسی قسم کا امتیاز نہ رہا، اس آئین احمدی پر اہل اسلام جتنا فخر کریں بجا ہے، اور جس قدر ناز اس پر کریں زیبا ہے۔

باب ۱۰

جنگِ اقر

آنحضرتؐ کی زندگی کے حالات اور واقعات اب اس طریق کے تھے۔ جیسے ایک فرمانروا کے اپنی مملکت میں ہوا کرتے ہیں، اگرچہ آپ دنیوی بادشاہت سے بہت بلند تھے۔ بعض گرد و نواح کی اقوام سے عہد نامہ اور اقرار نامہ تحریر پا چکے تھے۔ بعض سے رابطہ و رشتہ اتحاد بڑھ رہا تھا۔ بعض ایسے بھی گروہ تھے جن سے مخالفت پیدا ہوتی جا رہی تھی۔ آپؐ انصاف و عدل سے تجاوز کرنے کو خواہ معاملہ مذہبی ہو یا ملکی۔ آئینِ اسلام کے خلاف سمجھتے تھے۔ مگر حاسدوں کو کبھی تو اسی تختۂ زمین پر رہتا ہے۔ یہ کبھی تو دنیا کے ہر خطہ میں موجود ہوا کرتے ہیں۔ اس لئے لازم تھا کہ کشمکش بڑھے۔

مدینہ کے نزدیک یہودیوں کی بستیاں تھیں۔ اُن میں مسلمانوں کے خلاف حسد کی آگ ایسی بھڑکی کہ وہ آپؐ کا اہل مدینہ پر حاکم ہونا اور مکّہ والوں کا آپ کے لشکر سے شکست کھانا برداشت نہ کر سکے۔ ساتھ ہی اُن کو یہ بھی فکر دامنگیر تھی کہ اگر مسلمانوں کی تنظیم اور دبدبہ بڑھتا گیا۔ تو کوئی دن ایسا آئے گا۔ کہ یہ لوگ ہم کو بھی مغلوب کر لیں گے۔ کیوں نہ ابھی سے ان کی سرکوبی کی جائے

اور یہ مسئلہ دور ہو جائے۔ اس نیت سے یہودیوں نے اندر ہی اندر جنگ کی تیاری شروع کر دی، مسلمانوں کا انتظام اب بڑا پسندیدہ تھا، ان کو خبر لگ گئی کہ دوسری طرف کیا چال چلی جا رہی ہے۔ انہوں نے پیش بندی کی اور آنحضرت صلعم (۴۵۰) آدمی لے کر فوراً میدان میں نکل آئے، یہودی یہ کیفیت دیکھ کر ہیبت کھا گئے اور پہاڑیوں میں جا چھپے۔ ادھر مسلمان بے فکر ہو کے بیٹھ گئے۔ اور اپنے کھانے پکانے میں لگ گئے، ایک یہودی نے جو کسی اونچی جگہ گھات لگا کر بیٹھا تھا، آنحضرت صلعم کو دیکھا کہ اکیلے سو رہے ہیں تو موقع کو غنیمت جانا، فوراً پہاڑی سے اترا اور دبے پاؤں کہ آہٹ نہ ہو۔ آپؐ کے سرہانے آ کھڑا ہوا۔ اور تلوار الف کر کے کہنے لگا کہ اے محمدؐ اب بول۔ تیرا وقت آخر آ گیا ہے۔ کون ہے تیرا بچانے والا۔ آپؐ اس وقت ذرا نہ جھجکے متانت سے آسمان کی طرف اشارہ کیا اور فرمایا۔

کہ وہ ہے میرا بچانے والا جس نے مجھے اور تجھے بنایا ہے، وہ ہے۔ جو میری اور تیری جان لے گا، وہ ہے محافظ۔

یہ بات سن کر اس شخص پر کچھ ایسی ہیبت طاری ہوئی کہ اس کا ہاتھ لرزنے لگا، اور تلوار اس کے ہاتھ سے گر پڑنے کو تھی۔ کہ آنحضرتؐ نے فوراً پکڑ لی، اور ویسے ہی ہاتھ میں اٹھا کر اس سے مخاطب ہو کے کہا، کہ "اب تو بول تیرا بچانے والا کون ہے"۔ بیچارا عاجز دبک کے سہم کے جہاں کا جہاں تھا وہیں رہ گیا، اور آہستہ سے آنکھیں نیچی کئے کہنے لگا، "اجی میرا محافظ یہاں کون ہے"، آنحضرتؐ نے کہا، کہہ کہ "میرا بچانے والا ہی اللہ ہے جس نے

اپنے رسول محمدؐ کو بچایا" ہے۔ یہ سن کر وہ شخص حیران رہ گیا۔ اُس کے دل کی سیاہی کافور ہو گئی۔ اور اُس نے سچے دل سے کہا" اشہد ان لا الہ الا اللہ محمد رسول اللہ" اُس کے علاوہ اور کوئی ۔ واقعہ اس جنگ میں پیش نہیں آیا۔ لڑائی ہی لڑی گئی اور نہ کوئی مال متاع بھی کسی کے ہاتھ لگا۔

باب ۱۱

جنگِ اُحدؔ اور جنگ خندق

ابو جہل کا گذر نا تھا کہ اُس کی جہالت کی گدی پر ابو سفیان بیٹھ گیا۔ اُس نے قسم کھائی کہ میں جب تک بدر کا انتقام محمدؐ سے نہ لے لوں گا، نہ عورت سے صحبت کروں گا، نہ سر میں تیل ملوں گا، وہ اس طرح کی شیخیاں فرور لوگوں میں بگھارتا رہتا تھا، مگر سامنے نکل کے مقابلہ کی تاب نہ لا سکتا تھا، ایک دن اُس نے سوچا کہ قسم تو میں کھا بیٹھا ہوں؛ اب جب تک کوئی حیلہ بہانہ نہ کروں لوگوں کے سامنے مُنہ کیسے دکھاؤں۔ اُس نے کیا کیا۔ کہ ایک روز مدینہ کے قرب وجوار میں چُپکے سے ایک دستہ آدمیوں کا ساتھ لے کر چلا گیا، وہاں چند ایک مُسلمانوں کو اُن کے گھر میں گھس کے مار آیا۔ اور ایک آدھ گھر کو آگ بھی لگا آیا، اور خود بھاگ کے نکل آیا، بھاگا بھی ایسے جیسے کوئی نیا سیکھا راہ تیر، آدھی رات کو دُم دبا کے بھاگے۔ غرض دَوڑتا چلا جاتا تھا۔ کچھ بوریاں سَتوؤں کی اس کے ساتھ تھیں وہ راستہ میں پھینکتا چلا آیا۔ اُن کے سبب اسے بھاگنا بھی دشوار ہو گیا تھا۔ یہ تو تھی اس کی جواں مردی جس پہ وہ آئے دن قسم پر قسم کھایا کرتا تھا۔ اور انتقام کے دانت پیسا کرتا تھا۔ کہ اگر میں نے محمدؐ کو سیدھا نہ کر کے چھوڑا۔ تو میں بھی کیا انسان ہوا۔

قریش جنگ بدر میں شکست کھا کر ایسے نادم و شرمندہ ہوئے تھے کہ سر سامنے نہ اٹھا سکتے تھے، مگر اندر ہی اندر دن رات تیاریوں میں لگے رہتے تھے، واپس مکہ جاتے ہی انہوں نے یہ ٹھان لی تھی کہ بدلہ ضرور لیں گے، ہر وقت غصہ کے دانت پیسا کرتے تھے۔ انتقام اُن کی سرشت میں تھا، اور کینہ اُن کی فطرت میں سردار ابوسفیان کی بیوی ایک سخت مزاج کی عورت تھی، وہ ہر وقت اپنے خاوند کو اور اُس کے ہم نشینوں کو بُرا بھلا کہتی رہتی تھی، اور طعن و تشنیع کیا کرتی، کہ اے بے غیرت لوگو میرے باپ اور بھائی تو مارے جاویں اور تم منہ دیکھا کرو، تم مردوں سے تو ہم عورتیں زیادہ مستعد ہیں، اور ہم کو تم سے بدرجہا زیادہ غیرت ہے، چلو، جو تم خائف مسلمانوں سے ہو، تو ہم تمہارے ساتھ چلیں گی اور پہلو بہ پہلو لڑیں گی، آخر مردوں کے خون نے بھی آ جوش مارا، اور تین ہزار آدمی سامان حرب سے آراستہ اور نشہ جنگ سے ہوش و حواس باختہ مسلمانوں کے چیرنے پھاڑنے کو نکل پڑے، اُدھر مسلمان بچارے شامت کے مارے صرف سات سو آدمی ہی مقابلہ پر لا سکے جن کو لے کر وہ دامنِ اُحد میں آ ٹھیرے، رات دونوں لشکر اپنی اپنی جگہ جم گئے صبح ہوتے ہی دونوں جانب سے دھاوا ہو گیا اور ایسی گھمسان کی لڑائی مچی کہ اپنے بیگانے کی تمیز نہ رہی، جو جس کے ہاتھ چڑھا اُس نے کاٹ ڈالا، اور پل کے پل میں کھیت کر دیا، حمزہؓ شہید ہو گئے، آنحضرت صلعم خود زخمی ہو گئے تیر و تلوار ہر دو کی چوٹ آئی، اور ایک شدید ضرب قدرِ دندان نے بھی کھائی، مسلمانوں کا علم بردار بھی مارا گیا اور صفوں میں شدت کا شور شرابہ مچ گیا، علم بردار کی شکل کچھ کچھ رسول اللہ صلعم سے

ملتی جلتی تھی، اُس کے مارے جانے پر یہ بھی خبر اُڑ گئی، کہ آپ شہید ہو گئے ہیں۔ یہ خبر اُڑنی تھی، کہ تمام لشکر کا دل ٹوٹ گیا، اور کھلبلی مچ گئی، مسلم لشکر کے پاؤں اُکھڑ گئے، دشمن کی بن آئی۔ اور مسلمانوں نے شکست کھائی، کفار قریش نے اب اپنا رُخ مدینہ کو کر لیا۔ کہ انہیں پاؤں چلیں، اور چل کر مدینہ تسخیر کر لیں۔ مگر اُن کے وہاں پہنچنے سے قبل ہی مسلم لشکر کے پس ماندگان مدینہ وارد ہو گئے اور مقابلہ کو ڈٹ گئے۔ یہ مستعدی دیکھ کر دشمن کا ارادہ ضعیف ہو گیا، علاوہ کفار کو اب یہ علم بھی ہو گیا تھا کہ آنحضرت حیات ہیں۔ وہ صرف علمبردار تھا۔ جو شہید ہوا تھا۔ اس اطلاع سے اُن کو اور بھی دل شکنی اُٹھانی پڑی۔ نتیجہ یہ ہوا کہ حملہ مدینہ کا ارادہ ترک کر دیا۔

مکہ کی عورتوں نے اس لڑائی میں بہت حصہ لیا۔ وہ جنگ بدر کے مقتولوں پر مرثیہ پڑھتی تھیں اور لڑائی سے منہ موڑنے والوں پر تبرا بولتی تھیں، سردار ابو سفیان کی بیوی ہندہ بھی شریک تھی ہندہ بڑی کینہ جو عورت تھی، باپ اور بھائی کے قتل کا انتقام اُس کے دل میں برابر موجود تھا، ایسی شتر کینہ تھی، کہ جب تک اس نے حضرت حمزہؓ کی لاش کو ڈھونڈھ کر اُن کا پیٹ چاک کر کے اور اُن کا کلیجہ نکال کے اپنے دانتوں سے چبا نہ لیا، تب تک اُس کا کلیجہ ٹھنڈا نہ ہوا، اور پھر اس ڈائن نے اس پر بھی اکتفا نہ کی۔ اُن کے کان اور ناک بھی کتر ڈالے، آنحضرت صلعم نے جب اپنے چچا کی نعش کا یہ حال دیکھا تو آپ کو بہت صدمہ ہوا۔ آپؐ اگر چاہتے تو تمام قریش کی تمام لاشوں کا یہی حال کر دکھاتے۔ مگر خدا کا رسولؐ اور انتقام کا اُصول، حریف سے بدلا لینا اور دشمن سے کینہ نکالنا یہ اُس پاک سرشت اور نیک

اصل سے بہت بعید تھا، دل پر بڑا قلق پیدا ہوا، مگر برداشت کر گئے۔

سردار حارث کا حملہ کرنا

مسلمانوں کو دم لینا کہاں نصیب میں لکھا تھا، بمشکل چند ہی دن گذرے ہوں گے، کہ قبیلہ بنی المصطلق کا سردار چڑھ آیا، مسلمان اُس سے ایسے جان توڑ کر لڑے کہ اُسے بھاگتے بنی، لوٹ کا مال جو ان کے ہاتھ چڑھا، اُس میں دو سو نفر، ایک ہزار اونٹ، اور پانچ ہزار بھیڑ بکریاں تھیں۔ ان گرفتاران کے زمرہ میں سردار کی بیٹی جویریہ بھی شامل تھی تقسیم مال میں یہ لڑکی ایک سپاہی کے حصہ میں آئی۔ لڑکی بچاری بہت گھبرائی۔ اُس نے سپاہی سے بڑی منت وزاری کے بعد اُس کو اس بات پر رضامند کر لیا۔ کہ وہ ایک معقول رقم تاوان کے عوض اس لڑکی کو رہائی دے دے۔ مگر اب اہم سوال تو یہ در پیش تھا۔ کہ یہ تاوان کہاں سے پیدا کیا جائے۔

لڑکی کے بخت خفتہ جو بیدار ہوئے۔ تو یہ خبر اُڑتے اُڑتے آنحضرتؐ کے کانوں تک پہنچ گئی۔ سپاہی سے کہنا اس لڑکی کو آزادی دلانا خلاف آئین تھا۔ کیونکہ یہ مال اُس کا ہو چکا تھا۔ آپؐ نے اپنی گرہ سے تاوان سپاہی کو دے دیا۔ جویریہ آزاد ہو گئی۔ اس پر آپؐ نے لڑکی کو بہمراہی اپنے ایک معتبر ملازم اس کے ماں باپ کے پاس روانہ کر دیا۔

اِدھر اُس کا روانہ ہونا ہی تھا۔ کہ اُدھر سے جویریہ کا باپ بہت سا زر و جواہر لے کر خود مدینہ آ پہنچا تاکہ جو کچھ بھی آنحضرتؐ منہ سے مانگیں نذر کروں اور اپنی بیٹی کی بند خلاصی کراؤں، وہاں جو پہنچا اور اپنی بیٹی کی آزادی اور آنحضرتؐ کا اپنی

گرہ سے ناداں کی ادائے گی کا حال جو سنا. تو حیران ہو گیا، کہنے لگا: "مسلمان کہاں اور یہ مرغوب اخلاق کہاں" سردار اس واقعہ سے ایسا متاثر ہوا کہ خود معہ خویش و اقارب مسلمان ہو گیا، ساتھ ہی اُس نے حضورؐ میں یہ عرض گذرانی کہ میری بیٹی جویریہ کو آپؐ زوجیت میں قبول کریں، آپؐ ابھی اس سوچ بچار ہی میں سنتے کہ اسے کیا جواب دیا جائے، کہ اتنے میں یہ بات لشکریوں تک پہنچ گئی، انہوں نے باہمی مل کر یہ عہد کر لیا کہ اگر آنحضرتؐ جویریہ کو زوجیت میں قبول کر لیں گے، تو ہم اپنے اپنے غلام رہا کر دیں گے، وجہ یہ تھی کہ زیادہ تعداد اُن غلاموں کی جو اس جنگ میں اسیر ہوئے تھے جویریہ کی قوم و قبیلہ کے لوگوں سے تھی اور نبی اللہؐ کی محبت و ادب مانع تھے، کہ آپ کی منکوحہ کے رشتہ داران آپ کے لشکریوں کے پاس غلام رہیں، آنحضرتؐ نے جب یہ سُنا کہ آپ کی شادی سے دو صد بندگان خدا بندی سے آزاد ہو کر اپنا پیدائشی حق آزادی پھر حاصل کر لیں گے، تو آپؐ کو تجویز شادی منظور کر لینے میں ذرا بھی تامل نہ رہا، اللہ کی قدرت کے رنگ بھی عجیب ہیں۔ کہاں سردار کی لڑکی سے کنیزک کیا۔ اور کہاں اب کنیزک سے سرورِ عالم کی ملکہ بنا کر بٹھا دیا۔

جنگ خندق ابو سفیان کو پہلی لڑائی سے ایک سال کا وقفہ مل چکا تھا، اب اُس نے تیاری نئی جنگ کی بعہ وجوہ مکمل کر لی، اب کے وہ چار ہزار قریش اور چھ ہزار یہود لے کر مدینہ پر چڑھ آیا۔ مسلمان اتنا ٹڈی دل لشکر آتا سن کر گھبرا اُٹھے۔ لگے صلاح مشورہ کرنے اور تدبیر کے گھوڑے دوڑانے، مسلمانوں میں ہر بشر کو یکساں اختیار اظہار رائے کا ہوا کرتا تھا، اور احمدی آئین

کو بھی اسوۂ حسنہ تھا، ان میں ایک شخص سلمانؓ فارسی موجود تھا، وہ کہنے لگا کہ ہماری جمعیت بہت قلیل ہے اور ہم میدان میں نکل کر سامنے مقابلہ کی تاب نہیں لا سکتے، اب ہمارے لئے سوائے اس کے کوئی اور چارہ نہیں کہ ہم کہیں پناہ گزیں ہو جائیں، حریف کا لشکر عظیم الشان ہے اور ہم مسلمان بے سرو سامان ہیں، اگر مدینہ میں مقابلہ ہو گیا، تو نہ صرف ہم ہی مارے جائیں گے، بلکہ ہمارے بال بچے بھی ساتھ ہی تباہ ہو جائیں گے، جو میری سنو تو مدینہ کے نزدیک ہی جو پہاڑی سلع نام ہے، اس کے دامن میں چل بیٹھو، اور اپنے سامنے ایک کھائی گہری کھود لو، پھر دیکھیں گے جو اللہ کرے، آپؐ نے یہ تجویز پسند کی اور سب نے آمین کہی مسلمانوں کو یہ اندیشہ بھی لگ رہا تھا کہ کفار کہیں شہر مدینہ پر ہی نہ حملہ آور ہو جائیں، اس لئے انہوں نے یہ پیش بندی کی، کہ اپنی عورتوں اور بچوں کو قلعوں میں بٹھا دیا اور کچھ ضروری ساز و سامان بھی اُن کے حوالہ کر دیا، کہ آڑے وقت پر وہ اپنی حفاظت کر سکیں اور آپ توکل باللہ تین ہزار (۳۰۰۰) آدمی کی جماعت لے کر دامن کوہ میں چلے آئے یہاں پہنچتے ہی آنحضرت صلعم نے حکم دیا کہ فی الفور پانچ گز چوڑی اور پانچ ہی گز گہری خندق کھودنی شروع کر دی جائے، اور جب تک کہ ختم نہ ہولے کوئی آرام نہ لے، جب آنحضرتؐ خود اپنے دست مبارک سے کھدائی کر رہے تھے تو سپاہ کا تو پھر کیا حال ہوگا۔ ادھر ہاتھوں میں آبلے پڑ گئے اور کھدائی کے لئے جھکتے جھکتے کمریں ٹوٹنے لگیں۔ اُدھر ہر ساعت غنیم کا ڈر دامنگیر کہ پہنچا کہ پہنچا۔ اب آیا کہ آیا، غنیم بھی وہ دشمنِ جاں جو دس ہزار جرار سپاہ لئے ہر ساز سے مہیا اور ہر سامان سے آراستہ برابر چڑھا آ رہا ہو،

اور بلاوجہ و بلا عذر آمادۂ فساد ہونا اسے دھرم کی ہو نہ ایمان کی، نہ خدا کی نہ خدا کے رسول کی بس دل میں ایک حسد کی آگ رکھتا ہو اور سینہ میں کینہ، ایسے بدشعار و بد اندیش دشمن سے مقابلہ، خدا پناہ دے، ادھر بیچارے مسلمانوں کا یہ حال تھا، کہ نہ تو ان کے پاس کافی سامان جنگ ہی تھا، اور نہ کھانے پینے کا کوئی رنگ ڈھنگ، ادھر اپنی جان کا خطرہ، ادھر مدینہ میں بال بچہ کی تباہی کا ڈر، مگر یہ خدا کی پیاری اور محمدؐ کے نام پہ واری سپاہ برابر ڈٹی رہی، جب تک کہ خندق نہ تیار ہو گئی۔ اتنے میں دشمن بھی اپنا لاؤ لشکر لے کر چڑھ آیا، اور دونوں لشکر خندق کے آر پار جم گئے، تیر تفنگ دونوں جانب سے چلتے رہے اور اینٹ پتھر سے دو رویہ مقابلے ہوتے رہے، مسلمانوں کو خندق نے بڑا کام دیا، خندق میں کوئی اُترا نہیں اور مسلمانوں نے اُس کی سرکوبی پتھروں سے کی نہیں، ایک تو اس خندق نے غنیم کے راستہ میں ایک بڑی کٹھن منزل ڈال رکھی تھی، دوسرے مسلمانوں کی خوش نصیبی سے قریش اور یہود میں باہمی تفرقہ پڑ گیا، اور ایک دوسرے سے اعتبار اُٹھ گیا، دل دشمن کا تو اسی سے ٹوٹ گیا تھا، مگر اس پر اضافہ یہ بھی ہو گیا، کہ رات کو زبردست آندھی چلی، اور ساتھ ہی بارش بھی گھٹا باندھ کے آپہنچی، ایسا موسلا دھار مینہ برسا کہ ڈیرے خیمے غنیم کے سب اُکھڑ گئے، اور سب سلسلہ درہم برہم ہو گیا، بد انتظامی تو آگے ہی وہاں موجود تھی بدنستی اور بدتر ہو گئی اور دشمن کو بھاگتے بنی، سردار لشکر ابوسفیان بھاگتوں کا بھی سردار ہی رہا، جو بھاگنے دکھائی دیئے اُن سب میں اول وہ تھا، مسلمان خوشی خوشی گھر لوٹ آئے، اگرچہ مال و متاع انکے ہاتھ کچھ نہ لگا، مگر جان بچی تو لاکھوں پائے۔

باب ۱۲

جنگِ خیبر

یہودیوں نے اب پھر سر اٹھایا۔ اور ایک بھاری لشکر کھڑا کرنے کا سازو سامان مہیا کرلیا۔ ایسی چال چلے۔ کہ مسلمانوں کو مطلقاً خبر ہی نہ ملی۔ کہ وہ اندر ہی اندر کیا سازو باز کر رہے تھے۔ یہاں تک کہ اس سازش میں یہودیوں نے چند قبیلے مکہ کے بھی اپنے ساتھ ملا لئے۔ اور باہمی یہ عہد و پیمان کرلیا۔ کہ جو کچھ بھی ہو۔ ایک دفعہ مسلمانوں کا قلع قمع ضرور کردیا جائے۔

جونہی کہ مسلمانوں کو پتہ لگا۔ کہ یہودی ہم پر پھر حملہ آور ہونے کا قصد کر رہے ہیں۔ انہوں نے آناً فاناً ۱۴۰۰ آدمی کا لشکر اکٹھا کرکے یہودیوں کے قلعوں پر ایسا چھاپہ مارا کہ سوائے قلعہ خیبر کے باقی سب کے سب ہی تسخیر کرلئے۔ خیبر کا قلعہ ایک بھاری مرکزی پناہ غنیم کی تھی۔ یہودیوں نے فصیل قلعہ کا دروازہ بند کرلیا اور قلعہ کے اندر سے مقابلہ کی ٹھان لی۔

اب دونوں لشکر اندر باہر جم گئے۔ اور لڑائی کے لئے تُلے رہے۔ جانبین سے جب کسی کا اکیلا دوکیلا آدمی ہاتھ چڑھ جاتا تو وہ زندہ کے واپس نہ آنے پاتا تھا۔ تنے میں حضرت علیؓ جو پہلے بسبب علالت طبع لشکر کے ساتھ

شامل نہ ہوسکے تھے، اب آملے۔ آنحضرتؐ اُن کو دیکھ کر بہت خوش ہوئے۔ اگرچہ طبیعت علیؓ کی ابھی تک ناساز ہی تھی۔ مگر اُنہوں نے آنحضرتؐ کا رُخ جو اس طرف دیکھا تو فوراً ہی ہتھیار باندھے تیر ترکش چڑھالی زرہ بکتر لگالی اور جہاد کا جامہ پہنے اللہ اکبر اللہ اکبر کے نعرہ لگاتے اُتر آئے میدان میں۔

اِدھر سے تن تنہا علیؓ قلعہ کے دروازہ کی طرف بڑھے اُدھر سے سوار قلعہ کا بھائی خود مقابلہ کو نکلا۔ دونوں کی مُٹ بھیڑ ہوگئی، کچھ دیر تو برابر لڑتا رہا، مگر آخر اُس نے علیؓ کی تلوار سے ایک ایسی مُنہ کی کھائی کہ اس کی جان ہوا ہوگئی۔ اور قلعہ کے عین آگے اپنے لشکریوں کی آنکھوں کے سامنے ڈھیر ہوکر گر پڑا۔ سردار قلعہ نے جب بھائی کو اپنی آنکھوں کے روبرو سے اس طرح لڑتا گرتا مرتا دیکھا، تو اُس کے خون نے جوش مارا، چمک اُٹھا، اور تلوار لے کر خود باہر نکل آ کھڑا ہوا اور للکارا کر آؤ نکلو، حضرت علیؓ ضیغم بڑھے اور دونوں بالمواجہ ولنگل میں نکل آئے، سردار بڑا قوی ہیکل جوان تھا، اس پر ایک تو نشہ سپہگری سر میں رکھتا تھا، دوسرے بھائی کے خون کا انتقام دل میں بڑی آن بان سے نکلا، اور دل توڑ کر مقابلہ کیا، مگر ادھر بھی غیر خدا تھا، اور ہاتھ میں تھی ذوالفقار، تلوار ایسی چلائی کہ سردار مرحب کو سر سے پاؤں تک پورے جسم کو آرے کی طرح چیرتی پھاڑتی دو ٹکڑوں میں برابر کاٹتی نکل آئی۔ یہ منظر دیکھنا تھا کہ مرحب کے لشکر کا دل ٹوٹ گیا۔ سب نے بھاگنے کی ٹھان لی اور دوڑ کر قلعہ کے اندر داخل ہوگئے اور دروازہ قلعہ بند کر لیا، ادھر سے حضرت علیؓ نے دھاوا بول دیا مسلمانوں نے زور شور سے تعاقب کیا،

اور تہ دوازہ قلعہ توڑ پھوڑ کے اندر جا گھسے اور قلعہ اسیر کر لیا۔ علیؓ نے بڑے نمایاں جوہر اس جنگ میں دکھائے۔ اور بڑا نام پایا۔ دروازہ اکھیڑ پھینکنے میں انہوں نے وہ زور بازو دکھایا کہ تمام سپاہ دنگ رہ گئی، اور عش عش کرنے لگی، یہود نے اپنے فعل سے پشیمانی ظاہر کی۔ اور آنحضرتؐ سے معافی کی التماکی۔ آپ نے سب کو یک قلم معاف کر دیا۔ ساتھ ہی یہ بھی ہدایت کی۔

کہ جو مذہب تم کو بھلا معلوم دیتا ہے اور جو دین تم کو تسلی قلب بخشتا ہے اُس پر قائم رہو۔ اسلام کسی پر جبر کی تعلیم نہیں دیتا۔ البتہ میں یہ ضرور تم کو بتا دینا چاہتا ہوں۔ کہ میں پیغمبر خدا ہوں اور پیغام حق لایا ہوں۔ اُسے سنو گے۔ تو عاقبت کا نفع اُٹھاؤ گے تمہیں چاہئیے کہ ذات حق کو پہچانو۔ کیونکہ اُس کا شریک ہر دو عالم میں کوئی نہیں ہے۔

لا الہٰ الّا اللہ

مالک الملک لا شریک لہٗ وحدہٗ لا الہٰ الاّ ہو۔
عاشقان جان دل نثار کنند بر درِ لا الہٰ الّا ہو
صوفیان گر بہشت می طلبند ذکر شان لا الہٰ الاہو
باغبانِ قدیم لم یزلی صفتش لا الہٰ الّاہو
طوقِ لعنت فگند بر ابلیس حیرتش لا الہٰ الاہو
مومنان را نعیم شد روزے برکتش لا الہٰ الاّ ہو۔
خوش درختے است در دنیا جہاں میوہ اش لا الہٰ الاّ ہو
شمس تبریز گر خدا طلبی خوش بخواں لا الہٰ الّا ہو

خیبر کی لڑائی میں زینب نام ایک عورت کے چند ایک لواحق مارے گئے تھے۔ اُس کے دل میں یہ غصہ بھرا تھا۔ اور وہ دل ہی دل میں زہر اُگلتی رہتی تھی۔ ایک دن اُس نے موقع جو پایا، تو آپؐ کے کھانے میں زہر ملا دیا، جب آپؐ نے کھانا کھانا شروع کیا، اور ابھی ایک آدھ لقمہ ہی کھایا ہو گا۔ کہ ذائقہ بہت بدمزہ معلوم ہوا، آپ نے ہاتھ کھانے سے اُٹھالیا، اور اصحاب کو بھی حکم دے دیا۔ کہ اسے کوئی نہ کھائے۔ جب تحقیقات کی گئی، تو معلوم ہوا کہ اس میں زینب نے زہر ملا دیا تھا، زینب بلائی گئی اور اُس سے دریافت کیا، اُس نے اقبال کرلیا، کہ میں نے زہر ضرور ملایا ہے، اور وجہ اس حرکت کی یہ بتائی، کہ میں نے یہ سوچا تھا کہ اگر محمدؐ واقعی پیغمبر ہے۔ تو اسے زہر کا پتہ لگ جائے گا اور اگر میرا داؤ چل گیا تو میرے بھائی بندوں کے خون کا بدلا نکل آئے گا، آنحضرت صلعم نے جب یہ اظہار زینب کا سنا تو اُس کی خطا درگذر کر دی اور قطعی معافی دے دی، حالانکہ اس زہر کا اثر تمام عمر آپ کی صحت بدنی پر موجود رہا اور بارہا شکایت اس تکلیف کی زبان پر لاتے، مگر زینب کو پھر بھی زبان سے کچھ نہ کہتے۔

حصّہ چہارم

عہد نامہ حدیبیہ	اشارہ روانگی
مکہ پر دھاوا	کملی والا
فتح مکہ	تبلیغ حق
رسالت وسفارت	وقتِ رحلت

باب ۱۴

عہد نامہ حدیبیہ

روانگی مکہ مسلمانوں کو اپنے باپ دادا کا مسکن چھوڑے اب سالہا سال گذر چکے تھے۔ دردِ دل اور محبت مکہ نے ان کے من کو آگھیرا، ساتھ ہی انہیں زیارت حرم کا اشتیاق حد سے بڑھا جاتا تھا مسلمان کہتے کہ یا روا یہ کیا ظلم ہے کہ اَور قوموں کے لوگ تو اپنے معبد کو حسب چاہیں بلا روک ٹوک آئیں جائیں، مگر ایک ہم ہیں، جو پر نہ صرف طواف کعبہ

بند ہے۔ بلکہ مکہ معظمہ کا داخلہ بھی منع ہے مگر انہوں نے اب قطعی فیصلہ کر لیا، کہ خواہ کچھ بھی ہو اب ہم ضرور زیارت کو جائینگے، اور تیاریاں شروع کر دیں، چنانچہ روز مقررہ کو آنحضرت صلعم ۱۵۰۰ آدمی زیارت کے لئے ساتھ لے مکہ کے رُخ رواں ہو پڑے اور اپنے ساتھ (۷۰) اونٹ بھی قربانی کے لئے یہ تمام لوگ نہتے تھے، آپ نے حکم دے دیا کہ کوئی نام کا ہتھیار بھی اپنے ساتھ نہ رکھے، مبادا مکہ والوں کو ہم پر لڑائی کا شبہ گذر جائے مگر وہ لوگ تو فطرتاً ہی ایسے شکی تھے۔ کہ وہاں کسی کے شک دلانے کی کوئی ضرورت نہ تھی، اُنہوں نے مسلمانوں کا نام ہی سنا تو کمریں باندھ لیں اور لڑائی کی ٹھان لی، آنحضرتؐ مکہ سے ایک منزل ادھر ہی تھے، کہ کیفیت کفار کی آپ نے سُن لی، وہیں ٹھیر گئے، وہاں سے ایک قاصد مکہ کو روانہ کیا کہ اُن کو جا کے سمجھائے کہ ہم کو غرض صرف طواف سے ہے اور آرزو زیارت کی، اگر ہماری نیت لڑائی جھگڑے کی ہوتی، تو ہم احمق تھے کہ بغیر ہتھیار اور سامان کے ہم نہتے چلے آتے، تم اپنا آدمی بھیجو اور اپنی تشفی کر لو، کہ ہمارا بیان یہ صحیح ہے یا غلط، مگر مکہ والے بھلا کہاں ان باتوں کو مانتے تھے، انہوں نے ایک نہ سُنی، اور یہی کہا۔ کہ ہمارے ساتھ پہلے باضابطہ عہدنامہ کرو، تو ہم اندر آنے دیں گے، چنانچہ باہمی شرائط تجویز ہوتی رہیں، آخر فیصلہ مفصلہ ذیل شرطوں پر ٹھیرا، کہ

شرائط عہد نامہ

(۱) اس سال تو مسلمان واپس چلے جائیں البتہ اگر آئندہ سال آئیں گے تو اجازت کی دے دی جائے گی۔

(۲) تین روز سے زیادہ مکہ میں قیام کرنے کی اجازت نہ ہوگی۔
(۳) اسلحہ ساتھ لانے کی سخت ممانعت ہوگی۔
(۴) اگر کوئی شخص مکہ والوں کا بلا اُن کی اجازت کے مسلمانوں کی طرف چلا جائے گا تو مسلمانوں کو اُسے فوراً واپس کرنا ہوگا، لیکن اگر کوئی مسلمان اُدھر سے بھاگ کر مکہ میں ٹھہرنا چاہے گا تو مکہ والوں پر اُس کی واپسی فرض نہ ہوگی۔
(۵) دس سال تک کوئی فریق ایک دوسرے پر حملہ نہ کرے گا۔
(۶) قریش مسلمانوں کے ہم عہدوں سے مزاحم نہ ہوں گے اور نہ قریش کے حلیفوں سے مسلمان مزاحم ہوں گے۔
مسلمانوں میں بعض شخص اس رائے کے خلاف تھے۔ کہ اس عہد نامہ پر دستخط ثبت کئے جائیں اُن کی نگاہ میں ان شرائط کی قبولیت مسلمانوں کے لئے بڑی سُبکی تھی۔ آنحضرتؐ نے اُن پر یہ واضح کیا کہ کیا تم کو شک گذرتا ہے کہ ہم میں سے کوئی مسلم بھاگ کر کفار کے ساتھ جا ملے گا۔ سب یک زباں ہو کر کہنے لگے۔ نہیں ہرگز نہیں۔
آپؐ نے فرمایا۔ اگر ان کا کوئی آدمی اُدھر سے بھاگ کر ہمارے ہاں چلا آئے تو وہ ہمارے کس کام کا ہوگا۔ ہم کو اُسے پاس رکھنے کی کیا غرض ہوگی۔ سب نے کہا۔ یہ درست ہے۔
اس پر آپؐ نے کہا کہ باقی شرائط پر ہم پہلے ہی سے کاربند ہیں۔ ہتھیار ہم نہ ساتھ لائے ہیں اور نہ آئندہ لائیں گے۔ ہم زیارت کے لئے آئیں گے نہ کہ جنگ کیلئے

ایسا ہی تین دن والی شرط میں بھی ہمارے لئے کچھ نقصان نہیں ہمیں زیارت کے لئے تین پہر بھی کافی ہیں۔

ہم مسلم ہیں۔ شر شرارت سے ہمیں کام نہیں۔ یہ عہد نامہ نہ گیا تو فساد بڑھے گا اور نوبت لڑائی تک جا پہنچے گی۔ اے مسلمانو اگر تمہیں لڑائی سے گریز کرنا ہے، تو اس عہد نامہ پر رضامندی ظاہر کرو۔ اس پر سب نے آمین کہی۔ رسول اللہؐ نے اپنے دستخط ثبت کر دیئے۔ اور مسلمان بلا داخلہ مکہ اور بلا زیارت واپس مدینہ چلے آئے۔

عمرۃ القضاء

اب عہد نامہ حدیبیہ لکھے ایک پورا سال ہو چکا تھا مسلمان اس لئے زیارت کے لئے مکہ آئے، تین دن قیام کیا اور رسم رسوم بجا لائے، مکہ زیارت کے لئے آنا مسلمانوں کا ایک ایسا پیدائشی حق تھا، جیسا کہ اور قوموں اور قبیلوں کا تھا۔ مگر مشرکان مکہ غایت درجہ کے تند خو آدمی تھے ہر وقت حجت پر تلے رہتے تھے، اور کوئی نہ کوئی بات سامنے رکھ کر فتنہ و فساد پر آمادہ ہو جاتے تھے، آنحضرتؐ نے اسے بڑا غنیمت سمجھا کہ بغیر لڑائی و خونریزی کے مسلمانوں کو کعبہ کا منہ تو دیکھنا پھر نصیب ہوا۔ اس اظہار شکر گذاری کی خاطر آپ نے مکہ والوں سے التجا کی کہ وہ آپ کی ضیافت منظور کریں، آپ نے سوچا کہ اس سے ایک تو آئندہ راہ و رسم باہمی پسندیدہ ہو جائے گی علاوہ اس کے کئی طرح کے گلے شکوے جو دلوں میں ہوں گے بھی وہ جاتے رہیں گے، مگر قریش بہت کم ظرف ثابت ہوئے مہمان نوازی کا جواب انہوں نے زبان درازی میں دیا، کہنے لگے کہ تین دن کی

میعاد موعودہ گذر چکی ہے، آپ اب شہر سے باہر ہو جائیں، آنحضرتؐ ذرا ملال خاطر پہ نہ لائے، فوراً شہر سے نکل آئے، اور باہر آ کر اپنے خیمہ ڈیرے لگائے۔ بعض اشخاص مکہ آپؐ کے یہ اوصاف حمیدہ اور صفات ستودہ دیکھ کر بڑے گرویدہ ہو گئے، اور چند ایک نے اسلام بھی قبول کر لیا۔ خالدؓ جو جنگ اُحد میں آپؐ کے خون کے پیاسے تھے، مشرف با سلام ہو گئے۔ عمر بن العاصؓ نے بھی بیعت کر لی یہ ہر دو آدمی بڑے مشہور و معروف تھے۔ اِن کی شمولیت سے اُمت کو اور بھی تقویت ملی۔

خلاف ورزی شرائط عہد نامہ حدیبیہ عہد نامہ حدیبیہ میں جو شرائط رقم کی گئی تھیں، منجملہ اُن کے ایک یہ بھی تھی، کہ قریش مسلمانوں کے ہم عہدوں سے نہ لڑیں اور نہ اہل اسلام قریش کے طرفداروں سے کوئی فساد برپا کریں، اتفاق ایسا پیش آ گیا کہ مکہ کے قرب وجوار میں دو قبیلے خزاعہ و بنی بکر رہا کرتے تھے، ان کا باہمی نزاع شروع ہو گیا، اور نوبت بانیجا رسید کہ آپس میں لڑائی شروع ہو گئی، خزاعہ آنحضرت صلعم سے اتحاد رکھتے تھے۔ اور بنی بکر قریش کے طرفدار تھے، اب چاہیئے تو یہ تھا کہ دونوں فریق اس تنازعہ میں نہ پڑتے، اور اپنے قول وقرار پر قائم رہتے، مگر قریش نے عہد نامہ کی تحریر پر جس کے وہ بڑے شائق اُس وقت تھے پانی پھیر دیا اور

قبیلہ بنی بکر کو لڑائی میں ہر طرح سے مدد امداد دینی شروع کر دی،
معمولی مدد پر ہی اکتفا نہ کیا، بلکہ اُن کے ساتھ شامل ہو کر قبیلۂ خزاعہ
کے خلاف میدان جنگ میں لڑائی کی شرائط کو صریحاً توڑ دیا۔

شرع و آئین پہ مدار نہیں   ایسے کافر کا کیا کرے کوئی

جب یہ خلاف ورزی شرائط قریش کی جانب سے عمل میں آئی
تو خزاعہ نے اپنا قاصد نبی اللہ کے پاس مدینہ بھیجا، اور یہ
پیغام لایا کہ ہم پر اب وقت آ بنا ہے، اور آپ کا اور ہمارا اتحاد
ہے۔ اس لئے اب ہمارا مطالبہ آپ سے ہے۔ کہ آپ ہماری مدد
کریں اور وعدہ ایفائی کریں ہم پر یہ آڑا وقت ہے، اگر آپ اس
وقت ہمارے کام آئیں گے تو ہم یہ نیکی آپ کی کبھی نہ بھلا سکیں گے،
قاصد نے ساتھ ہی ایک اور بھی حرکت قریش کی بتائی کہ یہ
لوگ لڑتے لڑتے حرم محترم کے اندر بھی جا گھسے ہیں اور ان
ناپاکوں نے مقدس معبد کو خون سے آلودہ کر دیا ہے بلکہ کئی
شخص خانہ کعبہ کے اندر بھی مارے جا چکے ہیں، حالانکہ یہ رسم
اور رواج حضرت ابراہیمؑ کے وقت سے برابر چلا آتا تھا، کہ اگر
کوئی شخص جرم کر کے بھی یہاں آ پناہ لے تو وہ گرفتار نہیں
کیا جا سکتا تھا، اس قدر منزلت و توقیر سے اس جگہ کو دیکھا جاتا
تھا، چہ جائیکہ یہ لوگ ایسی امن گاہ کو ایک رزم گاہ بنا لیں اور وہاں
بھی ایک دوسرے کا خون بہانے کو آمادہ ہو جائیں، نبی اللہؐ نے فرمایا کہ یہ

لوگ اب حد سے بڑھ گئے ہیں، اور اُن کے گناہ کی ناؤ اب بھر چکی ہے اس قدر بیباکی اور اتنی بے دینی کہ کعبہ میں جا کے یہ ایک دوسرے پر تلواریں گھسیٹیں آپ نے فرمایا کہ یہ جگہ مشرک کے لئے نہیں ہے، یہ مسلم کا معبد ہے، قاصد سے کہا کہ خلاف ورزی اقرار نامہ کی ضرور انہوں نے کی اور تم مستحق مدد کے ہو" اگر اب بھی تمہاری مدد کروں تو اللہ تو میری مدد نہ کیجیو یہ کہا اور مکہ پہ چڑھائی کا حکم دے دیا۔

باب ۱۵

مکّے پر دھاوا

لشکر کا مکّہ روانہ ہونا کوچ کا نقارہ بجنا تھا کہ نشان پیغمبری لہرائے اور علمِ احمدی اُڑائے لشکر ایک بڑی دھوم دھام سے مکہ کی جانب روانہ ہو پڑا۔ جہاں جہاں سے رسول اللہؐ کی سواری گذرتی تھی مسلمان ہمرکاب ہوتے چلے جاتے اور کیوں نہ ہوتا یہ مکہ کی چڑھائی تھی،

وہ مکہ جہاں قریش مسلمانوں کو غلامی سے بھی بڑھ کر کمتر و احقر سمجھتے تھے اور ہر وقت اُن کو طعن و تشنیع کرتے تھے، وہ مکہ جہاں طواف و زیارت کے لئے ہر قوم و قبیلہ کے لوگ تو بلا اجازت آئیں جائیں مگر مسلم کو وہاں قدم رکھنے کی اجازت نہ دیتے تھے، وہ مکہ جو سینکڑوں ہزاروں مسلمانوں کے باپ دادا کا مسکن رہا ہو مگر بجرم قبولیت اسلام مکہ والے اُنہیں مار کوٹ کر باہر نکال دیا کرتے تھے، وہ مکہ جہاں قریش مسلمانوں کو اس تقصیر میں کہ وہ رسولِ خدا کو گالیاں نہیں دیگر قریش کو خوش کیوں کرتے ننگا کر کے گرم ریت بچھا کر اوپر بھاری پتھر رکھ کر جان سے

ہلاک کر دیا کرتے تھے۔

یہ ہے وہ مکہ جس پر آج چڑھائی ہے۔ پھر بھلا کون ایسا مسلمان ہوگا جو اس مکہ پر دھاوا بولنے اور شامل لشکر نہ ہو، جس کی رگوں میں کچھ بھی غیرت کا خون باقی تھا، اُٹھ کھڑا ہوا، جسے ذرا بھی ننگِ اسلام تھا کمر بستہ ہوگیا، مکہ پہنچنے تک بارہ ہزار (۱۲۰۰۰) جوان نبی اللہ کے جھنڈے تلے تیار اور اسلام کے نام پر جان نثار آپؐ کے ساتھ شامل ہوگیا، مکہ کے پڑوس میں پہنچ کر لشکریوں نے خیمہ گاڑ دیئے اور ڈیرے ڈال دیئے، مکہ کے ارد گرد گویا ایک نیا شہر آباد ہوگیا جہاں آنکھ پڑتی روشنی ہی روشنی دکھائی دیتی اور جدھر نگاہ اٹھتی آگ ہی آگ نظر آتی، یا تو مکہ والے بے خبر خواب خرگوش میں سوئے پڑے تھے، یا اب یکا یک چونک اُٹھے، پتہ اُنہیں تب ہی لگا جب سب مکہ گھر گیا اور چھوٹا بڑا سب ناکہ بند ہوگیا، مکہ والے آنحضرتؐ کا یہ بلند اقبال اور جاہ و جلال دیکھ کر جہاں کے جہاں تھے وہیں دبک کے رہ گئے ایک دوسرے کی جانب ششدر و حیران ہوکے دیکھتے اور کہتے کہ یہ کیا ہونے لگا ہے۔ اُن کے دل میں آخر یہ تو گزرتی ہی ہوگی کہ کبھی وہ بھی دن تھا، جب ہم اس شخص کے دماغ کا خلل دور کرنے کے لئے اور اس کے سر سے جن نکالنے کے لئے اندری دکا ہن بلانے کی تجویزیں کیا کرتے تھے یا آج یہ دن ہے کہ یہ ہماری سرکوبی کے لئے (۱۲۰۰۰) سپاہ جرار لئے دروازہ پر آڈٹا ہے۔

ابوسفیان کا مسلمان ہونا

آخر وہ لوگ تو جلنا بھی گھرائیں بجا تھا، کیوں کہ یہ بات بھی گھبراہٹ والی تھی، مگر سردار ابو سفیان کے بھی ہاتھ پاؤں پھول گئے، بھلا اب وہ کرے بھی تو کیا، اور جائے تو کہاں جائے جو پائے رفتن نہ جائے ماندن، اِدھر اُدھر بھاگتا پھرتا تھا، جیسے کوئی بھولا بھٹکا مسافر منزل سے دور تھکاوٹ سے چور مارا مارا پھرتا ہے، اور اُسے کوئی راہبر نہیں ملتا، اسی عالم میں سرگردان وہ شہر سے باہر نکلا کہ میں ذرا اپنی آنکھوں سے جا دیکھوں تو سہی کہ آخر کتنی جمعیت ہے، جو ہماری تباہی کو آموجود ہوئی ہے، آخر کوئی صورت بھی ایسی ہے جس سے یہ بلا ٹل سکے اور ہماری جان بچ جائے۔ ایسا اتفاق پیش آیا کہ حضرت عباسؓ سے جو لشکر کے ساتھ تھے، ابوسفیان ملاقی ہو گیا، اُن سے بڑی منت وزاری سے استدعا کرنے لگا، کہ اگر آپ سے کچھ بھی ہو سکتا ہے، تو ہمارے لئے اس وقت فرور کرو، ورنہ ہم لوگ برباد ہو جائیں گے اور مکہ کی اینٹ سے اینٹ بج جائے گی، عباسؓ نے کہا کہ تم اللہ پر بھروسہ رکھو، اُس پر ایمان لاؤ، اور ان بتوں سے اپنی جان چھڑاؤ، چلو میں تمہیں رسول اللہ صلعم کے حضور میں لے چلتا ہوں وہ تمہاری عقدہ کشائی کریں گے، اور تمہاری مشکل حل کریں گے میرے ساتھ آؤ، میں آنحضرت صلی اللہ علیہ وسلم سے تیرے لئے امان چاہوں گا، یہ بات چیت ابھی ہو رہی تھی کہ حضرت عمرؓ نے دیکھ لیا، دیکھتے ہی آگ بگولا ہو گئے، اور شمشیر برہنہ لئے ابوسفیان کا سر کاٹنے کو دوڑے، کہ یہ کافر یہاں

کدھر سے آگیا ہے۔ حضرت عباسؓ نے جو رنگ بگڑا اس طرح دیکھا تو وہ رسول کریم کی جناب میں بھاگے گئے اور جا کے وہاں عرض معروض کی اور ابو سفیان کی جان بخشی کرا کر عمرؓ کو آ کے وہاں عرض معروض کی، اور ابو سفیان کی جان بخشی کرا کر عمرؓ کو آ کے اطلاع دی، ورنہ اُنہوں نے تو ٹھان لی تھی، کہ یہ شخص گردن زدنی ہے، ابو سفیان کی جب جان بچی اور اُسے امان ملی تو وہ حضورؐ میں حاضر ہوا اور آ کے مشرف با سلام ہو گیا۔

نہ کہیں جہاں میں اماں ملی جو ملی تو پھر وہ کہاں ملی
میرے جُرم ہائے سیاہ کو تیرے عفو بندہ نواز میں

نبی اللہؐ نے اپنے لشکر کے سرداروں سے بات چیت کرنے کے بعد یہ اعلان کر دیا کہ اس جنگ میں تین نوع کے لوگوں پر مسلمانوں کا ہتھیار اُٹھانا بالکل روا نہ ہوگا۔ اول تو وہ شخص جو خانہ کعبہ میں داخل ہو جائے دوئم وہ جو اپنے گھر کے اندر رہے اور مسلمانوں سے مزاحمت نہ کرے۔ سوئم وہ جو ابو سفیان کے گھر میں جا پناہ لے۔ آنحضرتؐ نے یہ بھی حکم دے دیا کہ ابو سفیان کو ایک اونچی جگہ بٹھا دیا جائے۔ تا کہ وہ بچشم خود لشکر کی طاقت کا اندازہ لگا سکے اور مکہ والوں پر حقیقت حال عیاں کر سکے۔

ابو سفیان کا واپس مکہ جانا، ابو سفیان نے نبی اللہؐ سے درخواست کی، کہ مجھے واپس جانے کی اجازت دی جائے تا کہ قبل اس کے لشکر وارد مکہ ہو، میں وہاں پہنچ جاؤں، اور مکہ والوں کو راہ راست پر لانے کی کوشش کروں، ایسا نہ ہو، کہیں

وہ احمق لوگ مقابلہ کو آمادہ ہو جائیں اور اپنی جانیں ناحق تلف کرائیں، ابوسفیان اجازت حاصل کر کے مکہ چلا آیا، اور خانہ کعبہ میں کھڑا ہو کے بلند آواز سے کہنے لگا۔

اے مکہ والو، ذرا میری بات غور سے سُنو یہ وقت نازک ہے توجہ سے سُنو، میں ابھی مسلمانوں کے لشکر سے آ رہا ہوں اور تمہیں ایک نصیحت کرنا چاہتا ہوں امید ہے، کہ تم پوری پوری توجہ سے اسے سنوگے، اے مکہ والو! ہٹ دھرمی اور ضد بے استقلال اور شے ہے، تم ضد نہ کرو، اور میری سُنو، تم مطلقاً اس لشکر کا مقابلہ نہیں کر سکتے، لشکر کی عظمت کا اندازہ اور فوج کے انتظام کی خوبی مجھ سے بڑھ کر تو تم نہیں دیکھ سکتے، میں سب کچھ ان آنکھوں مشاہدہ کر کے آیا ہوں، میری سنو اور لڑائی کا وہم و گمان بھی نہ کرو، سچ پوچھو تو اب نجات ایک ہی بات میں ہے جو سلامتی اپنی اور سلامتی اپنے بال بچہ کی چاہتے ہو، تو خدا کے واحد پر ایمان لاؤ، اور ان بتوں سے اپنی جان چھڑاؤ، ہم پر یہ سب عذاب اور تمام عتاب ان کا لایا ہوا ہے، انہوں نے کب کسی سے وفا کی، اب تو چھوڑو ان کو جو یہ ہم سے ایک دفعہ چھوٹ جائیں، تو یقین جانو کہ ہم دُنیا کے دُکھوں سے چھوٹ جائیں، اے مکہ والو اب یہ لشکر چڑھا آ رہا ہے، یہ لشکر خدا کا ہے، اسے خدا کے گھر سے آج بت نکال دینے ہیں، یہ خدا کا گھر ہے، نہ کہ بتوں کا ہم سب بندے خدا کے ہیں، اور محمدؐ رسول خدا کا ہے، اے میرے بھائی بند دگوش ہوش سے میری

ندا سنو، خدائی لشکر پہنچا کہ پہنچا، بس گھڑی ہے کہ پل، جس کسی کو پناہ لینی ہے، یا خانۂ کعبہ میں ٹھیرے، یا اپنے ہی گھر کے اندر رہے، یا میری زیرِ پناہ آجائے، ورنہ مارے جاؤ گے۔ اور پچھتاؤ گے، اور مکہ والو مجھے اللہ نے اپنا نور عطا کیا ہے اور محمدؐ نے مجھے مسلمان کر لیا ہے.........

ابوسفیان کی بیوی

ابھی وہ کہہ ہی رہا تھا کہ اُس کی بیوی ہندہ (وہی سخت دل ہندہ جس نے حمزہ کی لاش سے اُن کا کلیجہ نکال کر چبایا تھا) سامنے نکل آئی، خاوند سے کہنے لگی، اے بے غیرت تُو تو اپنے باپ دادا کا مذہب ملت ترک کر بیٹھا ہے، اب ہمیں بے دین کس لئے کرتا ہے، اُدھر ہمارے اور ہمارے بُتوں کے سر پر آ بنی ہے، اِدھر تو نے ایک نئی آفت لا ڈھائی ہے، اے قوم فروش یہ اتفاق کا وقت تھا، کہ ہم باہمی مل کر اتحاد سے غنیم کا مقابلہ کرتے، اے بے ایمان اور ادھرم انسان، تو تو مخبر ہے محمدؐ کا تُو تو جاسوس ہے دشمن کا، اے مکہ والو: کہاں ہے تمہاری قوم کی غیرت اور کدھر ہے تمہارے دھرم کی لاج، آؤ بڑھو، پکڑو، مارو اسے جانے نہ دو۔ اسے سنگسار کرو۔

ایسا طوفان بدتمیزی مچا کہ لوگ اُس کی بوٹی بوٹی کھانے کو تھے کہ یکا یک اُدھر شور اُٹھا، کہ محمدی لشکر دروازہ پر آ گیا، سب کو اپنی اپنی پڑ گئی، جدھر جس کا منہ اُٹھا۔ دوڑا اور پناہ کے لئے بھاگا۔

فاتح لشکر کی کیفیت یہ تھی کہ علم احمدی شیر ببر خالدؓ کے ہاتھ میں تھا۔ نبی اللہؐ خود قصوا اونٹنی پر سوار تھے۔ اور سیاہ لباس زیب تن کئے تھے۔ آپ کے دائیں بائیں (۱۲۰۰۰) بارہ ہزار مہاجرو انصار تلواریں الف کئے۔ نیزے ہلاتے۔ نشان اُڑاتے، اسلام کے نام پر جاں نثار اور آنحضرتؐ کی اُلفت میں سرشار برابر بڑھے چلے آتے تھے۔ تکبیر (اللہ اکبر) اور تہلیل (لاالہ الا اللہ) کے نعرے بلند کئے بلاروک ٹوک مکہ تک پہنچ گئے۔ اور شہر کے دروازوں کے اندر وارد ہوگئے۔

فرداً فرداً معمولی قسم کی چند ایک حرکات بعض اشخاص سے سرزد ہوئیں۔ مگر مزاحمت کسی گروہ یا قبیلہ کی طرف سے بالکل پیدا ہی نہ ہوئی۔ ان اشخاص میں ایک تو جاہل ابوجہل کا بیٹا عکرمہ تھا۔ کچھ اوباش اور بدمعاش قصبہ کے اور کچھ لچے لنگاڑے اردگرد کے اکٹھے کر کے وہ ایک گھات میں آ بیٹھا جب خالدؓ وہاں سے گذرے، تو اُس نے تیر چلانے شروع کر دیئے معمولی سی مٹ بھیڑ ہوئی، تین مسلمان اور بیس مشرک مارے گئے، ابوجہل کا بیٹا اپنی جہالت کا نمونہ دکھا کے بھاگ گیا، اور یہی اُس سے اُمید تھی، علاوہ بریں کچھ عورتیں بھی ایک جگہ جمع ہوگئیں، انہوں نے اپنے سر کے بال کھول دیئے۔

اور کپڑا سر سے اُتار کر گھوڑوں کے منہ پہ مارنا شروع کر دیا۔
غالباً اس خیال سے کہ گھوڑے بھڑکیں، مگر یہ سب گیدڑ بھبکیاں
ہی تھیں لشکر خدا اسکا شہر میں داخل ہو چکا تھا، اور رسول خدا
صلعم خانہ کعبہ بھی پہنچ چکے تھے، اب باقی رکھا ہی کیا تھا۔

باب ۱۶

فتح مکّہ

نبی اللہؐ نے سات دفعہ خانہ کعبہ کا طواف کیا، اور پھر حرم محترم میں داخل ہو گئے، (۳۶۰) بت اور تصاویر وہاں اندر موجود تھیں، آپ نے اپنے دستِ مبارک سے ہر ایک بُت کو چکنا چور کر دیا، اور تصویروں کو جو دیواروں پر نقش تھیں مٹوا دیا، سب سے بڑا بُت ہُبل تھا، جس کے روبرو ہر مصیبت میں مصیبت زدہ لوگ جا کے سرنگوں ہوا کرتے تھے، اور جس کے حضور میں جا کے من کی مرادیں مانگتے تھے، یہ بُت بہت اونچائی پر تھا، نبی اللہؐ نے علیؓ کو اوپر چڑھایا، اور اُن سے اُس مورتی کا چکنا چور کرایا، جب آپ کسی بُت کے قریب اُسے توڑنے کے لئے جاتے تھے، تو ہر بار یہ کلمہ کہتے تھے "حق آیا اور جھوٹ گیا" "حق آیا اور جھوٹ گیا"

حرم محترم سے فارغ ہو آنحضرتؐ نے شہر کی جانب رُخ کیا آدمی شہر میں شاید ہی کوئی ایسا ہو گا جس نے آنحضرتؐ کو دُکھ نہ دیا ہو۔ گستاخیاں نہ کی ہوں۔ یا آپ پر اینٹ پتھر نہ چلایا ہو، یا اور کسی نہ کسی طریقہ سے اپنا منہ کالا نہ کرایا ہو، آج حساب کتاب کا دن تھا۔ ہر بشر خائف تھا،

کہ بس آج میری خیر نہیں، جو جو جس نے کیا تھا وہ اُس کی آنکھوں کے سامنے پھر رہا ، از ماست کہ برماست، کردنی خویش آمدنی پیش۔ جہاں دیکھو سہم گین آنکھ ہی نگاہ پڑتی تھی، ہر منہ پر مُردنی چھائی ہوئی تھی۔ اور ہر فرد بشر کے سامنے اُس کی موت مجسم کھڑی تھی ؎

ترحم اے رسول سرور پاک — بجان تشنہ کامم بردار از خاک
سیہ روزم سیہ کام و سیہ دل — ز آب لطف خود برشوئے ایں دل
کسے جز تو نباشد دستگیرم — مرا مگذار تا از غم نمیرم

پیغمبری رحمت آنحضرت صلعم شہر کے اندر پہنچ کر لوگوں سے مخاطب ہو کے کہنے لگے "اے قریش! آج انتقام کا دن نہیں ہے، آج روز رحمت ہے، جو جو حرکت تم میں سے کسی نے میرے ساتھ یا میری اُمت کے کسی آدمی کے ساتھ کی جو شرافت سے دور یا اخلاق سے بعید تھی، ہم سب نے اُسے بھلا دیا، تم بھی اب اُسے بھول جاؤ۔ آج کے دن میں نے تم کو آزاد کر دیا" آئندہ بربادی سے پرہیز کرو، اور خدا سے دعا مانگو، اعلان عام کر دیا کہ کوئی مسلم کسی مشرک سے کسی قسم کی چھیڑ چھاڑ نہ کرے یا تو مکہ ماتم کدہ بنا ہوا تھا، یا اب گھر گھر شادیانے بجنے لگے، یکا یک سب کے چہروں پر گئی گذری رونق پھر آ نمودار ہوئی، اور خوشی و شادمانی نے پھر وا جب اپنی شکل آ دکھائی، پیغمبرؐ کی یہ دریا دلی اور فراخ حوصلگی دیکھ کر لوگ فریفتہ ہوئے جاتے تھے اور بار بار یہی زبان پر لاتے تھے، کہ ہم لوگ تو اتنی دیر بھولے ہی رہے، ہمیں کیا علم تھا کہ محمدؐ مجسم رحمت ہے۔

ابوجہل کے بیٹے کو معافی

عکرمہ بن ابوجہل تو بھاگ گیا تھا، اُس کی بیوی یہیں تھی۔ سرکار میں حاضر ہوئی اور پیغمبرؐ سے اور خاوند کی جاں بخشی کی درخواست کی۔ یہ عکرمہ فتح مکہ والے روز بھی شرارت کئے بغیر نہیں رہ سکا تھا، تین مسلمانوں کو شہید اور تیس مشرک اپنی طرف کے قتل کرا کے روپوش ہو گیا تھا۔ علاوہ بریں دونوں باپ بیٹا عمر بھر ان ہی ریشہ دوانیوں میں ہمہ تن مصروف رہے تھے کہ رسول اللہ صلعم کا سر کس طرح کاٹا جائے اور سو اونٹ اور ہزار سکہ چاندی انعام آپؐ کے سر قلم کرنے کے لئے رکھنا بھی اسی ابوجہل خاندان کے جاہلوں کا کام تھا، مگر آنحضرت صلعم نے سب کچھ یک قلم بھلا دیا، اور معاف کر دیا، جب عکرمہ کی بیوی اور ماں برقع پوش عکرمہ کو ساتھ لے کے جناب میں حاضر ہوئیں، تو آپ ایسے التفات وارتباط سے پیش آئے کہ جیسے کوئی بچھڑا دوست ملا کرتا ہے، عکرمہ نے آخر بیعت بھی کر لی اور مسلمان ہو گیا۔ اُس کے ساتھ ہی ماں اور بیوی بھی مسلمان ہو گئیں۔

اپنی دختر کے قاتل کو معافی

ایک بدکردار بنام ہبار تھا اس نے نبی اللہؐ کی دختر نیک اختر حضرت زینبؓ کو جب وہ حاملہ تھیں اور مدینہ جا رہی تھیں بڑی بے رحمی سے پتھر مارے تھے، کہ وہ اونٹ سے گر گئیں اور اسی صدمہ سے اُن کا حمل ساقط ہو گیا، یہ ہبار ناہنجار بھی دربار میں حاضر ہوا، اور دست بستہ معافی چاہی، نبی اللہؐ نے معاف کر دیا۔

شاعر زہیر کو معافی ایک شخص کعب بن زہیر ایک عجب فتنہ پرداز تھا، مگر خدا کی شان یہ ایک بڑا قابل شاعر تھا اور عجب ذہن رسا رکھتا تھا، اُس کی تمام ذہانت آنحضرت صلعم کی ہجو گوئی میں خرچ ہوا کرتی تھی، " صد لعنت و پھٹکار بریں ذہن رسا را" اس شخص کے زورِ قلم سے مسلمانوں کو اتنا نقصان پہنچا، جتنا کہ ہزار کفار کے زور بازو سے نہ پہنچا ہوگا۔ اب یہ ایک قصیدہ لکھ کر لایا نتیجہ معافی ہوا آپؐ نے معاف کر دیا۔

حبشی وحشی کو معافی ایک شخص جس کا نام وحشی تھا، وہی سیاہ شکل و سیاہ دل تھا جس نے حضرت حمزہؓ کو قتل کیا تھا، جو آنحضرت صلعم کے چچا تھے، اُس نے بھی سرکار میں حاضر ہو کے اپنی حرکت سے پشیمانی ظاہر کی، آپؐ نے اُسے بھی معاف کر دیا۔ حبشی کہا کرتا تھا، کہ کفر میں جس طرح خیر الناس حمزہؓ میرے ہاتھ سے مارے گئے تھے، اسی طرح اسلام میں شر الناس مسیلمہ کذاب میرے ہاتھ سے فی النار ہوا ہے" یہ کذاب وہی شخص ہے جس نے دعوئ پیغمبری کا کیا تھا۔

سردار ابو سفیان کی بیوی ہندہ کو معافی اب آئی وہ کینہ سے بھری اور ڈاہ اور کپٹ والی ہندہ، جنگ احد بھی اپنے خاوند کو طعن و تشنیع کر کے اسی نے کرائی، اس پر قناعت نہ کر کے خود لڑائی میں گئی اور نبی اللہؐ کے چچا حضرت

حمزہؓ کی لاش پر چڑھ کر اوپر بیٹھ گئی، اُن کا ناک اور کان اس نے خود کتر ڈالا، پھر اسی ڈائن نے اُن کا کلیجہ نکال کر اپنے مُنہ سے چبایا، پھر اسی بدکردار عورت نے فتح مکہ والے روز اپنے خاوند کی داڑھی پکڑ کے اُسے خوب مار اپڈیا اور گھسیٹا اور یہ صرف اس تقصیر میں کہ اُس نے اسلام کیوں قبول کیا، بایں ہمہ آنحضرتؐ صلعم نے اُسے بھی معاف کر دیا۔

معافی عام

سبحان اللہ! کیا ٹھکانا دریائے رحمت کی اس طغیانی کا تھا، یہ دریا اُٹھا اور ہر غلاظت و عفونت گناہ کی بہالے گیا۔ رسول اللہؐ نے اپنے قتل کے قصد کرنے والوں کو اپنی نور چشم کے قاتلوں کو اپنے چچا کے کلیجہ کھانے والوں کو سبھی کو معافی دے دی اور قطعی معافی۔ قتل عام دنیا کی تواریخوں میں اکثر سُنتے تھے مگر قاتلوں کی معافی نہ سُنی تھی اور جو عقل سے پوچھو تو وہ تو اب بھی نہ مانے کہ ایک بندہ خدا بندگانِ خدا پر اتنا رحم و تفضل کر سکتا ہے، کہ قاتلوں کو معافی عام دے دے مگر اس بیچاری بھولی بھٹکی عقل کو اُس ایک کی کیا خبر، وہ "ایک" رسولِ خداؐ وہ "ایک" رحمت کا دریا نہ آسے کینہ سے کام نہ انتقام سے غرض، وہ رحم کا چشمہ وہ محبت کا منبع، وہ بندۂ کبریا، وہ حبیب خداؐ ؂

یا رسول اللہؐ حبیب خالق یکتا توئی — برگزیدۂ ذوالجلال پاک بے ہمتا توئی

نازنینِ حضرتِ حق صدر بدرِ کائنات — نور چشم انبیاء چشم چراغ ما توئی

یا رسول اللہ تو دانی، متانت عاجزیہ بد — عاجزان را رہنما و جملہ را ماوا توئی

باب ۱۷

جنگِ ہوازن

مسلمانوں کا اقتدار بڑھتا دیکھ کر قبیلہ ہوازن اور ثقیف کے سرداروں کے دل میں یہ شبہ بیٹھ گیا کہ مسلمانوں نے مکہ لوٹ لیا ہے، ہماری اب خیر نہیں، یہ جنون اُن کے دماغ میں ایسا گھر کر گیا کہ ہر وقت اسی خبط میں لگے رہتے تھے، اس بنا پر اُنہوں نے تیاریاں جنگ کی بھی شروع کر دیا، اور ایک بھاری لشکر مکہ پر دھاوا کرنے کے لئے کھڑا کر لیا۔

اِدھر اللہ کے نبیؐ کو جب اِن کی کارستانیوں کی خبر ملی۔ تو آپؐ نے یہ صلاح ٹھہرائی۔ کہ قبل اس کے غنیم مکہ کے قرب و جوار میں پہنچ جائے۔ اور ہم یہاں اس کا مقابلہ کریں۔ بہترین طریق یہ ہوگا کہ اس کے سب راستے پہلے ہی سے روک دیئے جائیں۔ اور وہ اس جانب بڑھنے ہی نہ پائے۔

چنانچہ آپؐ نے کوچ کا حکم دے دیا۔ بارہ ہزار (۱۲۰۰) جوان مسلم و نا مسلم مکہ سے دشمن کے مقابلہ کو چل پڑا اور شہر سے دس میل کے فاصلہ پر مقابلہ ہوگیا۔ جانبین سے ہر دو لشکر جان توڑ کے لڑے، مگر دشمن کو دندان شکن شکست اُٹھانی پڑی۔ قلعہ سر ہوگیا فتح مکہ والوں کی رہی علاوہ بہت سے زر و مال کے

...6 قیدی مسلمانوں کے ہاتھ آئے جو رسم و رواج وقت اور آئین جنگ کے مطابق غلام قرار دیئے گئے۔ اور مسلم سپاہ میں تقسیم کئے گئے۔

لڑائی کے خاتمہ پر رسول اللہؐ جو میدان جنگ سے گذر رہے تھے تو اتفاقیہ آپؐ کی نظر ایک لاش پر جا پڑی۔ آپ وہیں رک گئے اور دریافت کیا۔ کہ یہ فعل کس کا ہے کسی نے پاس سے کہا کہ خالدؓ نے اسے قتل کیا ہے۔ آپؐ نے اسی وقت خالدؓ کو بلوایا اور جبراً سمجھایا کہ عورت یا بچہ یا مزدور پیشہ شخص کا قتل سپاہی کے لئے ناروا ہے۔ جو شخص خود ہتھیار نہ اٹھائے اور مقابلہ کو سامنے نہ آئے۔ اس کا قتل جائز نہیں قرار دیا جا سکتا۔

ایک اور واقعہ بھی اس جنگ میں پیش آیا۔ وہ یہ تھا کہ نبی اللہؐ نے لوٹ کا مال متاع قریش اور دیگر قبائل کو تقسیم کر دیا تھا، اور انصار کو اس دفعہ اس سے کچھ حصہ نہ پہنچا، اس پر ان کو رنج پیدا ہوا، آنحضرت صلعم کو جب یہ خبر لگی تو آپ نے ان کو بلایا اور مخاطب ہو کے یوں کہا:-

کہ اے انصار، تم لوگ گمراہ تھے، تم کو راہ راست پر لایا گیا، تمہیں باہمی فتنہ فساد سے جو ہر وقت کام تھا، نکال کر باہم متحد و متفق بنایا گیا، تمہیں ایک دوسرے کا یار غمخوار بنایا، تم ذلیل و رسوا رہتے تھے، تم کو معزز و سردار بنایا، اے انصار! مجھے یہ بات سن کر رنج پیدا ہوا ہے، کہ میں تو تمہارے لئے یہ سب کچھ کروں مگر تم مجھ سے کشیدہ خاطر اس لئے ہو جاؤ، کہ میں نے دو اونٹ فلاں شخص کو کیوں دے دیئے، اور تم کو کیوں نہیں دیئے۔ چار بھیڑیں کیوں فلاں کے حوالہ کر دیں، اور تمہارے لئے نہیں رکھیں، اے انصار تم اس بات پر

خوش نہیں ہوتے کہ لوگ اونٹ اور بکریاں ساتھ لے کر گھر جائیں اور تم رسول اللہؐ کو ساتھ لے کے گھر آؤ۔

یہ سننا تھا کہ انصار اپنے فعل سے شرمسار ہو گئے کہنے لگے، یا رسول اللہؐ ہم نے حماقت کی کہ آپؐ کی تقسیم پر حجت کی، یہ بالکل بجا ہے۔ اللہ ہمارا تمام شکوہ و شکایت ناروا ہے۔

چھ ہزار غلام کی آزادی

قیدیانِ جنگ کی غلامی نے آپ کی طبیعت پر بڑی قلق پیدا کر رکھی تھی، مگر کوئی مناسب موقع ہاتھ نہ لگتا تھا، تاکہ انہیں آزاد کر دیا جائے، ایک دن حسن اتفاق سے ہوازن کے سفیر آ گئے اور انہوں نے آ کے منت سماجت کی کہ آپؐ سب پر رحم کرتے آئے ہیں مگر ایک ہم ہیں کہ اس فیض سے اب تک محروم ہیں، ہم پر کرم کیجئے اور ہمارے قیدی آزاد کیجئے، رسول اللہ صلعم تو دل سے ایسے موقع کے منتظر تھے۔ آپؐ نے فرمایا۔ کہ تم لوگ ایسے کرو کہ نماز کے وقت مسجد میں آ جاؤ۔ جب ہم لوگ نماز سے فارغ ہو جائیں تو تم یہی درخواست سب مسلمانوں کے روبرو پیش کرو۔

مطابق ہدایت کے یہ سفیر نماز کے بعد مسجد پہنچ گئے۔ اور رہائی کی التجا کی۔ رسول اللہؐ نے یہ سنتے ہی سفیران ہوازن سے کہا کہ میں اپنے اور اپنے خاندان کے غلام خدا کے نام پر بغیر کسی معاوضے کے آزاد کرتا ہوں۔ جونہی نبی کی زبان مبارک سے یہ کلمہ نکلا۔ فوراً ہی جملہ جماعت کے لوگوں نے یک زبان فیصلہ کر لیا۔ کہ ہم نے بھی اپنے اپنے غلام بلاقیمت یا تاوان نامہی رہا کر دیئے

یہ تو امید ہی نہیں مسلم کو محمدؐ کا اشارہ ہی کافی تھا، چہ جائیکہ وہ نمونہ نبیؐ کی نیکی کا اپنے سامنے دیکھے اور پھر تقلید اس کی نہ کرے، ایک آن کی آن میں چھ ہزار آدمی یا تو غلام تھا یا آئین احمدی کے ایک کرشمہ سے پھر پایۂ انسان تک پہنچ گیا۔

نبی اللہؐ کی اس مروت سے یہ لوگ اس درجہ کے متاثر ہوئے کہ ان رہائی یافتہ غلاموں نے اسلام قبول کر لیا۔

حاتم طائی کی بیٹی قبیلہ طے کے لوگوں نے اب سر اٹھایا، یہ لوگ غیر مسلم تھے ہر چند مسلمانوں نے ان کے ساتھ سلوک و رسوخ رکھنے کی کوشش کی مگر ان پر کچھ اثر نہ ہوا، اور شرارت بڑھتی ہی گئی، بلکہ طے والوں نے اور قوموں کو بھی مسلمانوں کے خلاف بھڑکانے کا رویہ اختیار کر لیا، جس کسی سے ملتے جلتے، اہل اسلام کو اور بالخصوص آنحضرت صلعم کی ذات بابرکات کے متعلق بہت برا بھلا کہتے خفیہ تیاری جنگ پر بھی انہوں نے اب کمر باندھ لی تھی۔

جب آنحضرتؐ کو ان کی ریشہ دوانیوں کا علم ہوا۔ تو آپؐ نے علیؓ کو ان مفسد پردازوں کی گوشمالی کے لئے تعینات کیا۔ سردار طے جو شہرۂ عرب "سخی حاتم" کا بیٹا تھا، مقابلہ کی تاب نہ سکا اور بھاگ گیا۔ سپاہ نے ہتھیار ڈال دئیے۔ اسیر ان کی جماعت سرکارؐ میں حاضر کی گئی اس بدقسمت گروہ میں بیچاری مصیبت کی ماری دختر حاتم طائی بھی شامل تھی، نبی اللہؐ بھلا کہاں یہ برداشت کر سکتے تھے کہ ایسے سخی باپ کی بیٹی اس بیکسی کی

حالت میں رہے۔ آپؐ نے دیکھتے ہی فوراً اُس کی رہائی کا حکم دے دیا مگر آفرین ہے اُس کی تربیت پر اور صد آفرین اُس کی شرافت پر حکم رہائی کا سُن کے کہنے لگی مجھے اس رہائی میں کیا خوشی ہو سکتی ہے جب میرے سب خویش اقارب قید میں رہیں یہ میرے لئے بہت مشکل ہے۔ آگے بھائی بھاگ گیا ہے اب میں بھی اپنے آدمیوں سے منہ موڑ جاؤں، یہ مجھ سے ہرگز نہ ہوگا جو بھی جرم ہے ہم سب کا یکساں ہے، میں بصد رضا و رغبت اُس جرم کی سزا اپنے بھائی بندوں کے ساتھ بھگتوں گی، ان سے علیحدگی مجھے سخت سزا ہے، قید رہوں گی تو ان کے ساتھ تو رہوں گی۔ یہ میرے ہیں اور میں ان کی ہوں میں گھر سے ان کے ساتھ ان ہی کی ہو کے چلی تھی، اور یہاں بھی ان کے ساتھ ان ہی کی ہو کے رہونگی۔

اے محمدؐ! اے حاکم وقت! مجھے رہائی کی مروّت سے رہائی دے۔ مجھے اس رہائی سے یہ قید بھلی۔ میں کیا منہ لے کے واپس اپنے گھر جاؤں گی۔ میری خوشی اسی میں ہے کہ مجھے اپنے بھائی بندوں کے ساتھ قید رہنے کی اجازت دے۔

نبی اللہؐ نے جب یہ گفتگو اس لڑکی کی سنی۔ تو آپ کا دل بھر آیا حکم دیا۔ کہ سب قیدیوں کے بند کھول دو۔ اور سب کو آزاد کر دو۔

باب ۱۸

جنگِ موتہ

آنحضرت صلعم نے حاکم بصرہ کی طرف اپنا ایلچی روانہ کیا اور اس کام پر حارثؓ کو مامور کیا، اُن کو راستہ میں اتفاق سے شجر بن عمر عیسائی مل گیا، یہ شخص قیصر کے دربار کے امیروں کبیروں سے تھا اسے ایک تو گھمنڈ اپنی امارت کا تھا، دوسرا اسے دلی عناد مسلمانوں سے تھا۔ جونہی کہ مسلمانوں کے ایلچی کو اُس نے اکیلا پایا، فوراً حکم اُس کے قتل کا دے دیا، اور اُسے مروا ڈالا، حارثؓ کے بے گناہ و بے تقصیر مارے جانے سے آپؐ کے دل پر بڑا صدمہ پہنچا، قطع نظر اس کے آپؐ اپنے ملک کے حاکم وقت تھے، قتل ایلچی کوئی معمولی بات نہ تھی، جو سرسری طور پر نظر انداز کی جاسکتی، اس وقت خاموش رہنے سے آپ کے اپنے اندرونی انتظام ملک میں خلل پیدا ہونے کا بڑا خطرہ تھا، اور گردونواح کی اقوام میں بدامنی کا اندیشہ علیحدہ۔ کیا مسلم کیا نا مسلم، سبھی نے مل کر آپ سے مطالبہ اِس امر کا کیا، کہ شجر بن عمر جیسے دشمن کا ایسا انسداد کما حقہ، کیا جائے۔ کہ آئندہ کوئی عیسائی کسی بے گناہ مسلم کی جان کا قصد نہ کر سکے۔

آپ نے حملہ کا حکم دے دیا۔ کہ شجربن عمر کو گرفتار کیا جائے۔ حکم نبی اللہ کا ملنا تھا کہ تین ہزار مسلم جرار اسلام کے نام پر مرنے مارنے کو تیار گھروں سے نکل پڑا، لشکر مخالف بھی دوسری طرف سے بڑھا آرہا تھا، موتہ پہ آکے مقابلہ ہوگیا، دونوں طرفین نے اپنی اپنی صفیں جمادیں، تلواریں نیام سے کھینچ لیں اور کشت وخون شروع ہوگیا، لڑائی ایسی لگی، کہ خون کی ندیاں بہہ نکلیں، شجریل کا بھائی لڑتا لڑتا مارا گیا، مگر خود شجریل بھاگ گیا، سفیر کو مار ڈالنا تو اس نے سہل سمجھا تھا، مگر اب جان بچانی اسے مشکل ہوگئی۔

اس نے بھاگ کر ایک قلعہ میں جا پناہ لی اور ہرقل سے مدد مانگی۔ ہرقل قسطنطنیہ کا شہنشاہ تھا، اس نے بڑی بھاری فوج مدد کو روانہ کی، ایک لاکھ عیسائی ایک طرف سے اور قریباً تین ہزار مسلم دوسری جانب سے، ایک دوسرے کے مقابلہ میں آمنے سامنے آکے ڈٹ گئے اتنا ٹڈی دل لشکر دیکھ کر مسلمان حیران رہ گئے۔ اور دست بدعا ہوگئے۔

اس وقت ہر طرف سے ہلاکت کے سیاہ بادل مسلمانوں کی اس قلیل جماعت پر چھا گئے تھے، اور کہیں سے بھی کوئی روشنی کی شعاع انہیں نظر نہ پڑتی تھی۔ کہ یکایک ایک غیر دل مسلم جس کا نام عبداللہ بن رواحہ ؓ تھا۔ آگے بڑھا اور للکارا۔

اے مسلمانو! کیا تم آج کوئی نئے لڑنے کو نکلے ہو، کہ غنیم کی سپاہ دیکھ کر تمہارے دل دہل جائیں! کیا تمہیں یہ خبر نہیں کہ دشمن کی طاقت اس کے لشکر پر ہے، مگر ہماری ہمت ہمارا ایمان ہے!

ہمیں شوقِ شہادت یہاں لایا ہے، ہمارا اللہ اور نبی اللہؐ ہمارے ساتھ ہے، ہمیں خوشی اسلام کے نام پر کٹ کے مر جانے میں ہے نہ کہ فتحیاب ہو کے گھر جانے میں! اے مسلمانو! اے جوانمردو! آؤ نکلو۔ بڑھو آگے۔ مارو۔ مرو۔ اور شہادت کا انعام پاؤ۔ اُس کے مُنہ سے یہ نکلنا تھا کہ لشکر کی چاروں جانب سے اللہ اکبر اللہ اکبر کے نعروں سے آسمان گونج اُٹھا، مسلمانوں کے بجھے ہوئے دل پھر روشن ہو گئے اور دھرم کی سوئی ہوئی اگنی اُن کے ہردہ میں پھر سُلگ اُٹھی، ہر مُسلم کے من سے اسلام کے پریم کا ایک ایسا شعلہ نکلا کہ اُس کا تن بدن اگن ہو گیا، علمبردار کا حکم دینا تھا کہ تین ہزار مُسلم ایک لاکھ عیسائی پر ٹوٹ پڑا اور سے

شکست و فتح نصیبوں سے ہے ولے اے میرؔ
مقابلہ تو دلِ ناتواں نے خوب کیا۔

لڑائی ترازو کے تول تل گئی، جانبین سے جانبازوں نے بڑھ بڑھ کے جانیں دیں، مگر مُسلمان تو ایسا دل توڑ کر لڑے جیسے واقعی میدان سے بچ جانا ہی اُن کے لئے گناہ قرار دے دیا گیا تھا۔ دن دن بھر اُن کے دائیں بائیں اُن کے ساتھی ہمراہی اور سپاہی کٹتے مرتے سسکتے دم دیتے رہے، اور یہ اپنی آنکھوں دیکھا کئے مگر کیا مجال کہ ان کا پائے جگہ سے ہلے یا دل ٹھکانے سے ہٹے ایسے ڈٹ کے تھے جیسے اعتقادِ اسلام ان کے دل پہ جما ہؤا تھا عیسائی یہ حالت مُسلم کی

دیکھ ششدر و حیران رہ گئے کہنے لگے یہ لوگ بنی نوع انسان ہیں یا کس بلا کے بندہ ہیں، یہ کس مٹی کی ساخت ہیں، آخر ان کو ہوا کیا جا رہا ہے یہ کیوں مرنے پہ عاشق ہیں۔ اور کیوں جان سے اس قدر لا پرواہ ہم نے سمجھا تھا کہ آخر یہ کہاں تک لڑیں گے، ایک کا علاج دو ہوا کرتا ہے، یہ تین ہزار ہیں اور ہم سو ہزار ہم تو چور ہو گئے، اس پر بھی یہ دار پہ دار کئے جا رہے ہیں، مسلمانوں کی استقامت کا عقدہ عیسائیوں سے حل نہ ہو سکا، نہ ان کی اسلام پر جان نثاری کا مسئلہ اُن کے دماغ تک پہنچ سکا۔ وہ نئی روح جو مسلمانوں کے اندر پھونکی گئی تھی جو یہ صدقہ اور قربانی کرا رہی تھی، اس کے علم سے عیسائی بالکل بے بہرہ تھے۔

اتنے میں شام کی آمد سے اندھیرا ہو گیا، اور لڑائی ختم ہو گئی رات کو مٹھی بھر مسلمانوں نے جو باقی رہ گئے تھے، یہ صلاح ٹھہرائی، کہ صبح ہوتے ہی پھر دھاوا بول دیں اور اسی میدان میں اپنے شہید ہمراہیوں کے پہلو بہ پہلو شہادت حاصل کریں، عیسائی اُدھر باوجود اس قدر بھاری سپاہ کے کچھ ششش و پنج میں پڑے ہوئے تھے، کہ اب لڑیں یا پیچھے مڑیں، اُن کو اب یہ تو خوب ذہن نشین ہو گیا تھا کہ جب تک کوئی نام کا مسلمان بھی باقی ہے، میدان نہیں دیگا، اس لئے وہ کچھ دل شکستہ سے رات بھر رہے، ادھر مسلمانوں کے تین سپہ سالار مارے جا چکے تھے۔ اب چوتھے حضرت خالدؓ تھے اُنہوں نے علم لیتے ہی پہلا کام یہ کیا، کہ دوسری صبح نور کے تڑکے اپنی تمام صفوں کا رُخ اُلٹ پلٹ دیا،

لشکریوں کو آگے پیچھے ہٹا دائیں بائیں ملا ایک نئی شکل اور جدید صورت کا نقشہ بنا کے کھڑا کر دیا، تاکہ ایک تو دشمن کل کے تجربہ سے آج فائدہ نہ اُٹھا سکے، دوم یہ کہ لڑائی کا زور سب پہلو پر یکساں رہے، جو تھک کے چور ہو گئے ہیں، اُنہیں ذرا دم لینے کی فرصت بھی ہو جائے، دشمن نے جوں ہی یہ نیا انتظام دیکھا تو اُنہوں نے یہ سمجھ لیا کہ کوئی کمک مسلم سپاہ کے لئے پہنچ گئی ہے، دل تھوڑا اُٹھو ٹا تو اُن کا پہلے ہی سے ہو اجا رہا تھا، اب بالکل ہی ٹوٹ گیا، بھاگ نکلے اور ایسے بھاگے کہ کہیں دم تک نہ لیا میدان موتہ مسلم کے ہاتھ رہا، اور نصرت اسلام کے نام لکھی گئی۔

اس جنگ پر بھیجتے ہوئے رسول کریمؐ نے اپنا علم زیدؓ کے ہاتھ میں دیا تھا، جب وہ لڑتے لڑتے دشمن کے لشکر میں جا گھسے اور وہیں شہید ہو گئے تو پھر محمدی علم حضرت جعفر طیارؓ نے لے لیا اور بھی ایسے لڑے کہ کوئی کیا لڑے گا، پہلے تو اُن کا گھوڑا زخمی ہو کے گر پڑا، پھر اُن کا دایاں بازو کٹ گیا، بعد میں بایاں بھی اسی طرح کام آیا، آخر کو خود بھی شہید ہو گئے، آنحضرتؐ نے جب یہ واقعہ سُنا تو آپ کے آنسو نکل آئے، آپ فرمانے لگے، کہ ذاتِ باری نے اِن دو بازوؤں کی جگہ جعفرؓ کو دو ایسے بازو جنت میں عطا کئے ہیں کہ وہ اُڑتے پھرتے ہیں، اسی لئے اُن کو "طیار" کہتے ہیں، ان دونوں سپہ سالاروں کے گذر جانے کے بعد رسول اللہؐ کا نشان عبداللہ بن رواحہؓ نے لیا، وہ بھی شہید ہو گئے، یہ ہر سہ شہدا، آنحضرتؐ نے خود تقرر کر کے بھیجے تھے کہ زیدؓ کی

شہادت پر جعفرؓ اور اُن کی شہادت پر عبد اللہؓ نشان لے لیں، ان تینوں کے شہادت کے بعد چونکہ سردار لشکر کوئی مقرر نہ تھا، سپاہ نے خود خالدؓ کو بالاتفاق انتخاب کر لیا تھا، اور علم اُن کے ہاتھ میں دیدیا تھا، اُن کی ترکیب و ترتیب ایسی احسن ثابت ہوئی کہ دشمن نے شکست فاش کھائی آنحضرتؐ نے اس نمایاں خدمت کے صلہ میں خالدؓ کو سیف اللہ کا خطاب عطا کیا۔

حضرت زیدؓ وہی بچارے بیکس غلام حضرت خدیجہ کے تھے، جن کو آنحضرت صلعم نے قبل از بعثت آزاد کیا تھا، اور حضرت جعفرؓ حضرت علیؓ کے بھائی تھے، جو اُس گروہ کے سرگروہ تھے، جس نے حبش میں ہجرت کی تھی۔

باب ۱۸

رسالت اور سفارت

رسالت و سفارت ملک حجاز میں اب شجر اسلام جڑ پکڑ گیا تھا، اور یہ اندیشہ مسلمانوں کے دل سے دور ہو گیا تھا کہ اسے قریش کی آندھی یا یہود کا طوفان کوئی نقصان پہنچا سکے گی، چونکہ یہ اطمینان قوی ہو چکا تھا، اب آپؐ نے توجہ باہر کے ممالک کی طرف مبذول فرمائی، چونکہ آپ اللہ کا پیغام لائے تھے، اس لئے یہ لازم تھا کہ پیغامبری کیجاتی اور پیغام الٰہی کی اطلاع ملک، بہ ملک پہنچائی جاتی، اس حکم الٰہی کی تعمیل میں آپؐ نے دعوت اسلام کے خطوط عرب کے ارد گرد ممالک میں شاہان وقت کو اپنے ایلچیوں کی معرفت روانہ کئے مراسلے سربمہر تھے، مہر پر "محمد رسول اللہ" نقش تھا، آپؐ کے سفیر حبشہ، ایران، روم، شام اور مصر میں پیغمبری پروانے لے کے پہنچے تحریر صاف مرتب تھی، اور نوشت دلیرانہ اس پایہ کی تھی جیسے کہ ایک نبی اللہؐ کی شان کے"

یعنی: الا اس خدا ۲ محمدؐ جو خدا کا بندہ ہے اور خدا کا

رسول ہے۔ بنام شاہ۔ مملکت فلاں، واضح ہو کہ سب خلاقت خدا کی ہے، تم بندہ اس کے ہو۔ میں تم کو اس کی طرف راغب کرتا ہوں، اس پر ایمان لاؤ اور عاقبت کا خوف اٹھاؤ۔" ....

نجاشی بادشاہ حبشہ نے تو جب سے آنحضرتؐ کی رسالت کا ذکر سنا تھا، تب ہی سے دل میں تو اسلام قبول کر لیا تھا، مگر اب انہوں نے علانیہ اپنا اسلام قبول کرنا سب کے سامنے تسلیم کر لیا۔ شاہ روم نے بھی محمدیؐ سفارت کی بڑی عزت کی اور تحفہ تحائف دے کر واپس کیا۔ دل سے اسلام اس نے بھی قبول کر لیا، مگر رعایا چونکہ اس کی عیسائی ہی عیسائی تھی، وہ یہ حوصلہ اس وقت نہ کر سکا کہ لوگوں میں برملا اعلان کر دے۔ کیونکہ اسے یہ اندیشہ تھا کہ میرے مسلمان ہو جانے سے مبادا میری سلطنت میں فتور پڑ جائے۔ شاہ ایران البتہ سفیر سے اچھی طرح پیش نہ آیا، مگر خدا نے اسے جلدی ہی سزا بھی اس کی دے دی۔

شریف غریب یکساں

ان ہی ایام میں ایک اچھے گھرانے کی بڑی متمول عورت بجرم چوری گرفتار ہو گئی، جرم اس پر ثابت ہو گیا، اور مطابق قانون وقت اس وقت اس کے ہاتھ کاٹنے کا حکم دے دیا گیا۔ یہ عورت بڑے رسوخ والی تھی، بڑے بڑے لوگ سفارش کو آئے اور آپ کے حضور میں عرض کیا کہ اس کا

پیشہ چوری نہیں ہے، نہ اسے کسی چیز کی پرواہ ہی پڑی ہے۔ مگر یہ فعل شامت اعمال سے کر بیٹھی ہے، آپ اسے معافی دیں اس پر رحم کریں۔ آپؐ نے فرمایا کہ:-

امیر و غریب کے ساتھ اللہ کی حدود مساوی ہیں پہلی اُمتوں میں اسی سے تو خرابی واقع ہوئی ہے، کہ لوگوں نے غریبوں کے لئے ہی تمام قاعدے نافذ کئے، اور اونچے لوگوں کے لئے کوئی قید نہ تھی، قسم اُس خدا کی جس کے ید قدرت میں محمدؐ کی جان ہے، کہ اگر محمدؐ کی لڑکی فاطمہ بھی چوری کرے تو اس کا ہاتھ بھی اسی طرح کاٹا جائے گا، جس طرح اُس چور کا۔ مجھ سے یہ توقع ہرگز نہ رکھنی چاہیئے کہ میں امیروں کے لئے ایک علیحدہ قانون بناؤں گا اور غریبوں کے لئے ایک علیحدہ۔ میرے لئے یہ ہر دو آنکھیں برابر ہیں۔

آئین احمدی کا یہ نمونہ مشاہدہ کرکے سفارشی لوگ اپنا سا منہ لے کر واپس چلے گئے۔

شاہ غسان کا مسلمان ہونا

انہی دنوں میں [illegible] شاہ غسان [illegible] اسلام کی دعوت بھیجی، اُس نے اسلام کا چرچا اور آپ کی رسالت کا تذکرہ پہلے بھی کچھ سنا تھا، سفیر کے پہنچنے پر زیادہ ہی متاثر ہوا۔ اور اسلام قبول کر لیا، [illegible] کی خلافت کے زمانہ میں ایسا واقعہ پیش آیا، کہ اس بادشاہ نے اپنی

شاہی کے نشہ میں اور طیش کی حالت میں ایک بیکس مسلمان کو ایک طمانچہ مار دیا، عمرؓ نے حکم دیا کہ جب تک اس مظلوم کو راضی نہ کرے گا، یہ گناہ تیری گردن پر رہے گا، اور تیرے ساتھ بھی ایسا سلوک کیا جائے گا، جیسا کہ تو نے اس عاجز کے ساتھ کیا ہے، تو بے شک بادشاہ ہے، مگر بڑا جھنجھلایا اور کہنے لگا کہ یہ اسلام بھی کیا غضب ڈھاتا ہے، میں حاکم کیا ہوا۔ جو مجھے ایک طمانچہ چلا دینے کا اختیار بھی اپنی رعیت کے ایک آدمی پر نہ ہوا، یہ عجب نوع کی مسلمانی ہے، کہ چھوٹے بڑے میں کوئی امتیاز ہی نہ رکھا جائے، اور حاکم و محکوم میں تفریق ہی اٹھ جائے، عمرؓ نے جواب میں کہا کہ بادشاہ سلامت اسلام اخلاق اور انصاف پر مبنی ہے یہاں شاہ و گدا کا درجہ اس لحاظ سے برابر ہے، بادشاہ بڑا گھبرایا، اور سوچنے لگا، کہ اب اگر میں مرتد ہو جاؤں تب بھی خلاصی نہیں اور جو مسلمان تو یہ اب میری توقیر گھٹی ہے، اب میرا کسی طرح چھٹکارا نہیں، میں نے چھوڑا اسلام اور ساتھ ہی اپنی سلطنت کا انتظام بھاگ کر ملک شام کو چلا گیا، روایت ہے، کہ موت سے پہلے اس نے پھر اسلام قبول کر لیا۔

محمدی سفیر

نبی اللہؐ نے اسلام کا پرچار برابر جاری رکھا، قبیلہ قبیلہ میں ایک مسلمان عالم اسلام کی آئتیں سمجھانے اور راہ حق بتانے کے لئے تعینات کر دیا تھا، نتیجہ اس کا خاطر خواہ ثابت ہوا، سنہ ہجری تک تقریباً کل عرب تمام مسلمان ہو گیا، اسلام نے زیادہ تر روک مکہ ہی میں دیکھی، یا کچھ رکاوٹ پھر عرب میں تھی، یہاں "گھر کا بیر ہلکا" والی بات بھی عائد تھی اور ساتھ ہی یہ دقت بھی حائل تھی کہ بتکدہ مکہ میں تھا، وہیں سے بتوں کا اکھاڑنا تھا اس لئے بتوں کے خلاف معرکہ آرائی مکہ ہی میں ہو سکتی تھی، جب یہ میدان صاف ہو گیا، اور بتوں کا خوف لوگوں کے دلوں سے ہٹ گیا تو پھر اسلام جہاں جہاں بڑھتا گیا، اپنا جھنڈا گاڑتا گیا،

آئے دن کسی نہ کسی حاکم یا سردار، امیر یا تاجدار کے مشرف باسلام ہونے کی خبر حضور میں پہنچ جاتی تھی۔ نبی اللہؐ کی رحلت سے پہلے عرب کے اردگرد کے ممالک میں اسلام کا بول بالا ہو رہا تھا، اور مسلمانوں کی ہر جگہ دھاک بندھ رہی تھی، اس گرد و نواح میں کوئی دربار باقی نہ رہا تھا، جہاں مسلمانوں کی سفارت موجود نہ ہو، نہ کوئی سلطنت ہی ایسی تھی، جہاں مسلم ایلچی نظر نہ آتا ہو۔

باب ۱۹

اشارۂ روانگی

جس شخص کی محنت کا صلہ اور مشقت کا ثمرہ اُس اپنی حیات میں اُسے
ذریعہ اس طرح مہیا کر دے جس انسان کی آتما کو یہ کامل تسلی و تشفی ہو جائے۔
گویا مقصد جس کے لئے ذات حق نے اُسے دنیا میں بھیجا تھا۔ وہ پورا ہو چکا ہے ایسے
انسان کے اطمینان قلبی کا اظہار وہ خود ہی کرے۔ اور کون کر سکتا ہے۔ جب نبی اللہؐ اس
خوش نصیبی سے بہرہ ور ہو چکے تو نزول آیت ہوئی۔ جو بشارت روانگی کی رکھتی تھی۔

اَلْيَوْمَ اَكْمَلْتُ لَكُمْ دِيْنَكُمْ وَاَتْمَمْتُ عَلَيْكُمْ نِعْمَتِيْ وَرَضِيْتُ لَكُمُ الْاِسْلَامَ دِيْنًا	آج میں نے تم لوگوں کے لئے تمہارا دین کمل کر دیا، اپنی نعمت تم پر پوری کی اور تمہارے لئے دین اسلام میں نے پسند کیا،

اس وحی سے اشارہ عیاں تھا کہ جس مدعا کے لئے آنحضرتؐ دنیا میں
بھیجے گئے تھے، وہ پوری ہو چکی ہے، یہ امر قوی دلیل اس بات کی رکھتا تھا
کہ آپ کا وقت۔ اب عنقریب ہے اور کہ اس دنیا پر آپ کے دن ختم ہونے
والے ہیں۔ آپ نے قبل ازیں یہ جا کر مسلمانوں سے مخاطب ہو کے فرمایا۔

"اے اہل اسلام، شاید میں اگلے سال تم میں نہ ہوں گا، اب جو کچھ کہتا ہوں کان لگا کے سنو، اور دل سے اس پر توجہ کرو جس طرح یہ مہینہ اور خاص کر یہ دن اس آبادی میں تم لوگوں کے لئے مقدس ہے، اسی طرح ہر مسلمان پر دوسرے کا مال اور عزت و آبرو، اور جان و مال مقدس ہے، مسلمانو! یہ یاد رکھو کہ قیامت کے دن تم سب کو اپنے خدا کے سامنے حاضر ہونا پڑے گا، وہ اس وقت تمہارے تمام افعال اور جملہ حرکات و سکنات کا حساب کتاب لیگا، دیکھو عورتوں کے ساتھ کبھی بدسلوکی نہ کرنا، ان سے ہمیشہ مہربانی کے ساتھ پیش آنا، غلاموں کو وہ آسائش دینا جو تم اپنے آپ کو دیتے ہو، اگر ان سے کوئی خطا ہو جائے تو درگذر کرنا، یاد رہے کہ کل مسلمان آپس میں بھائی ہیں، دیکھو کوئی ایک دوسرے کی حق تلفی نہ کرے"

الوداعی حج

کوئی ایسی طرزِ طواف تو، مجھے اے چراغِ حرم بتا
کہ ترے پتنگ کو پھر عطا، ہو وہی سرشتِ سمندری
کرم اے شہِ عرب و عجم، کہ کھڑے ہیں منتظرِ کرم
وہ گدا کہ تو نے عطا کیا، ہے جنہیں دماغِ سکندری

حقیقت میں آنکھ کو اب اپنی روانگی سامنے نظر آ رہی تھی۔ چنانچہ آپ نے حرم محترم کے درشن کے لئے الوداعی حج کا ارادہ کیا اور مع قافلہ مدینہ سے مکہ کو روانہ ہو پڑے۔ وہ شخص جس نے تین روز ایک غار میں بسر کر کے اپنی جان بچائی تھی۔ وہ بشر جسے مشرکانِ مکہ نے جھوٹا قرار دے دیا تھا۔ وہ انسان جس کا مکے کے شہر میں داخلہ بند کر دیا گیا تھا۔ وہ آدمی جسے قتل کرنے کے لئے سو سو اونٹ اور ہزار ہزار سکہ چاندی کے انعام رکھے جاتے تھے۔ وہ بیکس جسے اینٹ پتھر مار مار کر لوگ اس کے جسم سے خون بہا دیا کرتے تھے یہ ہے وہ انسان جو آج مکہ فتح کرنے کو جا رہا ہے تا اسی مکہ میں آج اس ہی کے پیچھے سوا لاکھ عابد میدانِ عرفات میں سر جھکائے آنکھیں نیچی کئے۔ ہاتھ باندھے حق کے حضور میں کھڑا ہے۔ شاہ و گدا بلا امتیاز ایک ہی وضع کا بلا سلا کپڑا اوڑھے۔ ایک ہی خیال کے پابند۔ ایک ہی خدائے واحد کے حضور میں ایک ہی سجدے میں سر جھکائے کھڑے ہیں۔ یہ ہے مسئلہ مساوات اور یہ ہیں اسلام کی برکات۔

آگیا عین لڑائی میں اگر وقت نماز　　قبلہ رو ہو کے زمیں بوس ہوئی قوم حجاز
ایک ہی صف میں کھڑے ہو گئے محمود و ایاز　　نہ کوئی بندہ رہا اور نہ کوئی بندہ نواز
بندہ و صاحب و محتاج و غنی ایک ہوئے
تیری سرکار میں پہنچے تو سبھی ایک ہوئے

کملی والا

رسول کریمؐ نے جو گہرا اثر اپنے امیر و غریب پیرؤوں پر چھوڑا اُس کا اندازہ اِس سے ہو سکتا ہے کہ جو لوگ آنحضرتؐ کے بعد داخل اسلام ہوئے وہ بھی اسی رنگ میں رنگے گئے۔ اس عشق کے اظہار میں مسلمانوں نے بہت سے پیارے پیارے نام اپنے ہادیؐ کے لئے تجویز کئے ہیں۔ بعض اُن میں سے ایسے بھی ہیں کہ جن ناموں کے ساتھ قرآن شریف میں خود خدا حبیب خداؐ کو مخاطب کرتا ہے۔ ایک نام جو سب سے زیادہ دلکش ہے وہ کملی والا ہے۔ قرآن میں ایک سورت ہے جس کا نام "مزمل" ہے یعنی کملی اوڑھنے والا۔ بیان کیا جاتا ہے کہ آنحضرتؐ اکثر کملی ہی اوڑھا کرتے تھے۔ چند ابتدائی آیتیں اس سورت کی حسب ذیل درج ہیں:

يَا أَيُّهَا الْمُزَّمِّلُ ۝ قُمِ اللَّيْلَ إِلَّا قَلِيلًا ۝ نِّصْفَهُ
أَوِ انقُصْ مِنْهُ قَلِيلًا ۝ أَوْ زِدْ عَلَيْهِ وَرَتِّلِ الْقُرْآنَ
تَرْتِيلًا ۝ إِنَّا سَنُلْقِي عَلَيْكَ قَوْلًا ثَقِيلًا ۝ إِنَّ نَاشِئَةَ
اللَّيْلِ هِيَ أَشَدُّ وَطْئًا وَأَقْوَمُ قِيلًا ۝ إِنَّ لَكَ
فِي النَّهَارِ سَبْحًا طَوِيلًا ۝

اے کمبلی اوڑھنے والے! رات کو (عبادت کے لئے) کھڑا ہو مگر تھوڑا۔ آدھی رات یا اس سے کچھ کم یا زیادہ۔ اور (عبادت کرتے وقت) قرآن کو ترتیل کے ساتھ پڑھ۔ ہم جلد وزن دار پیام تجھ پر نازل کرنے کو ہیں۔ رات کا جاگنا بے شک کارآمد اور روحانی ترقی کے لئے موزوں ہے۔ (مگر ساتھ ہی) تجھے دن میں بھی بہت سے فرائض ادا کرنے ہیں۔

کمبلی والے نے جو پیغام دنیا کو پہنچایا ہے۔ اصول توازن اس کی جان ہے۔ یہی وجہ ہے کہ یہ نام شاعروں اور صوفیوں کو بہت پسند آیا ہے اور جا بجا ان کی تحریر و تقریر میں اس طرف اشارے پائے جاتے ہیں۔

کمبل اوڑھنے میں غالباً ایک باریک رمز پوشیدہ تھی۔ آنحضرتؐ نے زیادہ تر عمر افلاس میں گزاری۔ آخر میں جب فوجوں کی سپہ سالاری اور سیاسی حکمرانی سے واسطہ پڑا تب بھی اپنے لئے فقر ہی کو پسند کیا اور غریبوں اور مسکینوں ہی کی طرح زندگی ویسے ہی قائم رکھی۔ آنحضرتؐ ایک بادشاہ ہوتے ہوئے بھی اب رسالت کی غلامی کو قبول کیا ہوا تھا۔ آنحضرتؐ نے فقر دائمی اپنا فخر سمجھا الفقر و فخری یعنی فقر میرا فخر ہے۔ یہ ایسا ... کی طرف اشارہ ہے۔

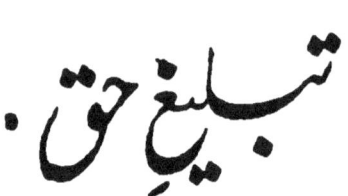

تبلیغِ حق

آپ ایک روز کوہِ صفا پر تشریف لے گئے، وہاں مکہ والوں کو اور قرب وجوار کے قبیلوں کو بلوایا اور پیغام حق انہیں سنایا آپؐ نے اُن سے فرمایا کہ اے لوگو، اگر تم خدا پر ایمان لاؤ گے تو نفع پاؤ گے ورنہ عاقبت کو پچھتاؤ گے، تم پر واضح رہے کہ اسلام کسی پر جبر و تشدد روا نہیں رکھتا۔ تم کو راہِ مستقیم بتانا میرا فرض عین ہے۔ کیونکہ میں پیغمبر خدا ہوں۔ اور تمہارے لئے یہ پیغام خدا سے لایا ہوں میرا کام تمہیں راستہ اسلام جتانے کا ہے۔ اس پر چلنا یا نہ چلنا تمہارا اپنا کام ہے۔ جو تم گمراہ رہے گے۔ تو اے لوگو اس کی جواب دہی ہو گی۔ تو تم سے تم اپنی آنکھیں کھول کر خود دُور اندیشی سے جانچ بھال کر لو، کہ تمہیں بدستور مٹی کی مورت اور کاٹھ کا بت پوجن کرنا ہے یا خلقت کے خالق کی پرستش کرنی ہے۔ اے لوگو۔ اپنا نفع نقصان دیکھ کے قدم رکھو۔ تم نے اب بھی نہ دیکھا۔ تو پھر کب دیکھو گے ؎

وہ فخرِ عرب زیبِ محراب و منبر　　تمام اہل مکہ کو ہمراہ لے کر
گیا ایک دن حسبِ فرمانِ داور　　سوئے دشت اور چڑھ کے کوہِ صفا پر

یہ فرمایا سب سے کہ اے آلِ غالب
سمجھتے ہو تم مجھ کو صادق کہ کاذب

کہا تیری ہر بات کا یاں یقیں ہے	کہ بچپن سے صادق ہے تو اور امیں ہے
کہا گر مری بات یہ دل نشیں ہے	تو سن لو خلاف اس میں اصلا نہیں ہے

کہ سب قافلہ یاں سے ہے جانے والا
ڈرو اُس سے جو وقت ہے آنے والا

وہ بجلی کا کڑکا تھا یا صورت ہادی	عرب کی زمیں جس نے ساری ہلا دی
نئی اک لگن سب کے دل میں لگا دی	اک آواز میں سوتی بستی جگا دی

پڑا ہر طرف غل یہ پیغامِ حق سے
کہ گونج اُٹھے دشت و جبل نامِ حق سے

کہ ہے ذات واحد عبادت کے لائق	زباں اور دل کی شہادت کے لائق
اُسی کا ہے فرماں اطاعت کے لائق	اسی کی ہے سرکار خدمت کے لائق

لگاؤ تو لو اُس سے اپنی لگاؤ
جھکاؤ تو سر اُس کے آگے جھکاؤ

نصاریٰ نے جس طرح کھایا ہے دھوکا	کہ سمجھے وہ عیسےٰ کو بیٹا خدا کا
مجھے تم سمجھنا نہ زنہار ایسا	میری حد سے رتبہ بڑھانا نہ میرا

سب انساں ہیں جس طرح واں سرفگندہ
اُسی طرح ہوں میں بھی اک اُس کا بندہ

بنانا نہ تربت کو میری صنم تم	نہ کرنا میری قبر پر سر کو خم تم

نہیں بندہ ہونے میں کچھ مجھ سے کم تم   کہ بیچارگی میں برابر ہیں ہم تم

مجھے دی ہے بس حق نے اتنی بزرگی
کہ بندہ بھی ہوں اُس کا اور ایلچی بھی

افضل کلام اُسی روز رسول اللہ صلعم نے یہ بھی فرمایا، کہ جو کچھ میں نے آج تک اپنی زبان سے کہا ہے یا جو کچھ مجھ سے پہلے نبی [illegible] کہہ گئے ہیں، اُن سب میں سے افضل کلام ایک ہی ہے، جس کے برابر نہ کوئی کلام ہوا ہے اور نہ آئندہ ہوگا، اور وہ ہے "لا الٰہ الا اللہ وحدہ لا شریک لہ لہ الملک ولہ الحمد وہو علی کل شئ قدیر" کہ خدا ایک ہے، اُس کا ثانی کوئی نہیں ہے ملک عالم اُس کا ہے، سلطنت دنیا اُس کی ہے، ہمہ طاقت وہی ہے اور سزاوار ثنا وہی ہے۔

ملکا ذکر تو گویم کہ تو پاکی و خدائی   نروم جز بہ ہمان رہ کہ توام راہ نمائی
ہمہ درگاہ تو جویم ہمہ از فضل تو پویم   ہمہ توحید تو گویم کہ بتوحید سزائی
تو خداوند مبینی تو خداوند بیاری   تو خداوند زمینی تو خداوند سمائی
تو زن و جفت نجوئی تو خور و خفت نخواہی   احد بی زن و جفتی ملکا کامروائی
نہ بدی خلق تو بودی نہ بود خلق تو باشی   نہ تو خیزی نہ نشینی نہ تو کاہی نہ فزائی
تو رحیمی تو کریمی تو سمیعی تو بصیری   تو معزی [illegible] العرش بجائی
ہمہ را عیب تو پوشی ہمہ را عیب تو دانی   ہمہ را رزق رسانی کہ تو جود و [illegible]
بری از خفتن و خوردن بری از تہمت و ظن   بری از رنج و گزندی بری از [illegible]
تو علیمی تو حکیمی تو خبیری تو بصیری   تو نمایندہ فضلی تو سزاوار خدائی

نتواں وصف تو گفتن کہ تو در وصف نگنجی
نتوان شرح تو کردن کہ تو در شرح نیائی

وقتِ رحلت

نبی اللہؐ کی عمر اب (۶۳) برس کی ہو چکی تھی ماہ ہجرت کا گیارھواں سال تھا۔ کہ رحلت کی نوبت آ پہنچی۔ دفعتاً بخار نے آگھیرا۔ تن سے تپ کی تپش کے ایسے لپکے اُٹھتے تھے کہ جسم چھونا مشکل ہو گیا تھا۔ لیکن باوجود نقاہت کے آپؐ نے کوئی نماز قضا نہ کی تھی اور پانچوں وقت مسجد میں جماعت کے ساتھ نماز ادا کرتے رہے۔ جب تین دن کوچ میں رہ گئے۔ تو اعضاء بالکل ہی جواب دینے لگ گئے۔ آپؐ کو سہارے سے بھی مسجد تک پہنچنا اب کٹھن ہو گیا تھا۔ آپؐ نے حضرت ابوبکرؓ کو اپنی جگہ امام مقرر کیا۔ اور خود اُن کے پیچھے جماعت میں کھڑے ہو کر نماز ادا کی۔ جب نماز سے فارغ ہو چکے تو آنحضرتؐ نے فرمایا:۔

"اے لوگو! اگر بے شک تم سے کسی پر کوئی زیادتی کی ہو۔ تو مجھ سے بدلہ لے لو، تاکہ مجھ سے آگے گرفت نہ ہو۔ اور میں اُس کی جناب میں سرخرو ہو کے جاؤں۔ اے لوگو! اگر میں نے کسی کو سخت سست

کہا ہے تو مجھ سے درگذر کرو، اے لوگو! اگر میں نے کسی کی پشت پر ناجائز حکم تازیانہ لگائے کا دیا ہے، تو اُس کے لئے میری پشت موجود ہے، اے لوگو! اگر میں نے کسی کا کوئی قرض ادا نہ کیا ہو، تو اب وقت ہے، وہ مجھ سے لے لے۔ اے لوگو! اگر مجھ سے کسی کو ایذا پہنچی ہو، تو میں اس وقت اُس کی معافی کے لئے حاضر ہوں، اے لوگو! مجھے معافی دو، تاکہ مجھے قیامت کا مواخذہ نہ رہے۔"

بستر رحلت پر جانکنی کی حالت میں آپؐ کے لب مبارک کو حرکت میں دیکھ کر بعض اصحاب نے پوچھا کہ یا نبی اللہ آپ کیا فرما رہے ہیں۔ آپؐ نے کہا۔ "مجھ کو میرے حال پر چھوڑ دو۔ کیونکہ جس عالم میں اب میں چلا جا رہا ہوں، وہ اس عالم سے بہتر ہے جس کی طرف تم مجھے بلاتے ہو۔"

آخری کلمہ جو نبی اللہؐ کی زبان سے اصحاب سُن سکے وہ یہ تھا۔

بل الرفیق الاعلیٰ۔ (اعلےٰ دوست کے پاس، اعلیٰ
بل الرفیق الاعلیٰ۔ دوست کے پاس)

جناب خدا اپنے "اعلیٰ دوست" کی جانب ۱۲ ربیع الاول ۱۱ھ ہجری مطابق ۸ جون ۶۳۲ء عیسوی پیر کے روز بوقت دوپہر اس دنیا کو ترک کر کے راہی ملک عدم ہو گئے۔ طائر روح پاک جسم خاکی سے پرواز کر گیا صلی اللہ علیہ وآلہ وسلم

(ختم شد)